Ni Un Jefe Más

Gustavo Adolfo Avila

Advertencia:

Este libro se ha creado solamente con fines informativos.

Queda entendido que ni el autor ni la empresa que publica está ofreciendo servicios o asesoramiento financiero, legal o psicológico ni ningún otro servicio y/o asesoramiento profesional.

Si necesitas asistencia de un experto o asesoramiento, contrata los servicios de un profesional competente en el área.

¿Cuándo fue la última vez que te sentiste emocionado mientras te estabas arreglando para ir al trabajo?

¿Alguna vez tu jefe apreció todas tus valiosas contribuciones?

¿Te sientes atrapado y con ganas de empezar tu empresa de ensueño?

¡Pues no estás solo!

Según una encuesta realizada a más de 25 millones de empleados, **87%** de ellos no están satisfechos con sus trabajos.

Eso es un porcentaje impresionante, y es por ello que muchos clientes a quienes asesoro me expresan inquietudes como estas:

- *"El dinero no alcanza y tengo limitaciones a la hora de querer darme un gusto en comprar algo que me gusta, sueño no tener que trabajar para alguien"*

- *"La verdad, estoy harto de no tener nada"*

- *"Ya me harté del rumbo de mi vida y quiero darle un giro y hacer lo que realmente quiero hacer"*

- *"Me gustaría comenzar un negocio independiente del cual pudiera vivir holgadamente, pero estoy bloqueado y no sé cómo empezar"*

- *"Estoy desesperada porque no tengo dinero y eso realmente me bloquea. No sé por dónde empezar para generar dinero"*

- *"Tengo miedo de perder un trabajo fijo, aunque no sea bueno, y no tener cómo sostener a mi familia"*

- *"Gano poco y llevo años en la misma empresa sin un ascenso, a pesar de trabajar muchísimo para poder ganar un mejor puesto"*

- *"Yo siempre estoy al límite con el dinero, siento que trabajo y nunca me rindo, pero es como para saldar las cuentas del mes y no más"*

- *"Se me hace muy complicado montar un negocio si apenas con lo que ingresa se pagan los gastos"*

- *"En el trabajo que realizo cada vez tengo menos ingresos"*

- *"Necesito ingresos como trabajador independiente porque faltan oportunidades"*

¿Te sientes identificado (a) con alguna de estas afirmaciones?

Si prestamos atención a cada una de estas inquietudes, vamos a encontrar que el común dominador entre ellas es **EL DOLOR**.

No tener suficiente, no vivir a nuestro máximo potencial, con independencia y sin poder vivir la vida en nuestros propios términos, es **muy doloroso**.

Es por ello que me sentí motivado a escribir este libro, para darte una serie de pasos que, en **corto tiempo**, te ayudarán a **empezar tu propio negocio**, renunciar a tus agobiantes ocupaciones y **vivir como siempre has querido**.

Bien sea que:

- Estés **desempleado** (a)

- **Cansado** (a) de tu ocupación actual y necesites un cambio

- O quieras simplemente llevar a cabo tu idea de negocio…

Este libro es para ti.

¿Para qué pasar el resto de tu vida trabajando para otros?

Sintiéndote **como un esclavo** en una **rutina aburrida**, cuando…

¡Puedes estar haciendo tus sueños realidad!

Podrás trabajar desde la comodidad de tu casa si así lo deseas.

O aprender a desarrollar un ingreso desde cualquier parte del mundo, para darte independencia financiera y de ubicación.

Con este libro aprenderás:

- Cómo encontrar una idea para empezar un negocio exitoso

- Cómo utilizar tus habilidades para hacer de tus pasiones una forma de **generar ingresos**

- Los pasos a seguir para **empezar tu negocio**

- Cómo empezar un negocio en línea o un negocio tradicional

- Cuáles son los diferentes tipos de plataformas que puedes utilizar para empezar tu negocio.

- Cómo **conseguir clientes** y promocionar tu negocio.

- Alcanzar estabilidad financiera como emprendedor y dueño (a) de tu negocio.

- Evitar los errores más comunes.

- Ganar confianza con tu idea de negocio.

- Encontrar el mejor nicho para tu empresa ¡y mucho más!

Este libro está lleno de consejos y **estrategias efectivas** para que empieces tu negocio de la mejor manera. Contiene los pasos necesarios para lograr esa transición, hacer de tu objetivo una realidad y asegurar un éxito que perdure.

Crea tu propio futuro y deja de seguir rindiendo cuentas a los demás.

Recupera tu libertad y vive la vida en tus propios términos.

Si siempre has soñado con tener tu propio negocio, este libro te ayudará a alcanzar ese sueño.

No necesitas tener un diploma en negocios para ser exitoso.

¡Nunca ha habido un mejor momento para empezar tu propia empresa que ahora!

Tabla de Contenidos

¿Cómo conseguir la mejor idea para empezar un negocio rentable y con futuro? 24

Advertencia: 26

Principales Tipos de Plataformas Para Hacer Dinero En Línea 34

Investiga, estudia y aprende 52

Pasos a seguir 55

Empieza el negocio y hazlo crecer 56

Atributos personales y profesionales 60

¿Cuándo es un buen momento para iniciar tu negocio? 61

¿Debería comenzar a tiempo completo o medio tiempo? 62

Negocios y comercios tradicionales 63

Comprar un negocio existente 63

La decisión correcta 64

Equipo de adquisición 65

Examen preliminar 66

Investigación de mercado 67

Escoger el nombre del negocio 69

La dupla necesaria: abogado y contador 70

Proveedores 71

Tarjetas de crédito 72

Pagos online 73

Crear la página web de tu empresa 74
Desarrollo de una marca 78
Anuncios clasificados 82
Medición de la efectividad publicitaria 83
Relaciones públicas 84
Relaciones públicas vs. publicidad 85
Referencias 89
Redes sociales 90
Conclusión: 91
Lecturas recomendadas: 92

Introducción:

Este libro está dividido en dos secciones generales.

1. Negocios en internet
2. Negocios tradicionales

Independientemente de cuál sea tu preferencia, te invito a revisar ambas secciones, ya que hoy en día es difícil que un negocio no tenga presencia en línea. Además, encontrarás conceptos e ideas en ambas secciones que seguramente podrás aplicar al otro tipo de negocios.

Trabajar de forma independiente implica que debes tener la confianza necesaria para recorrer el camino que empieza desde el momento en el que tomes la decisión de no obedecer a nadie más, sino a ti mismo.

¿Cómo llegas hasta este punto?

Primero debes unir todas las piezas del rompecabezas. Dichas piezas las vas a encontrar en cada uno de los capítulos, por lo que es necesario que leas con atención.

Ser un emprendedor tiene muchísimas ventajas, pero lo más importante es manejar tu propio tiempo, ganar el dinero necesario para vivir tranquilamente y, sobre todo, pasar tiempo de calidad con tus seres queridos.

A partir de este punto tienes dos opciones: puedes poner en duda tus habilidades y continuar lo que sea que estés haciendo o decidir vivir la vida que realmente deseas. Este no es otro simple libro de autoayuda, es una guía de trabajo que te acompañará hasta que te sientas feliz con lo que haces.

¡Muy importante!

Este libro ha sido diseñado de forma dual, es decir, una parte de lectura tradicional que es la que estás leyendo y un complemento vía multimedia con actualizaciones a través del correo electrónico, para que puedas aprovechar al máximo las tecnologías actuales.

Partes muy importantes que complementan la lectura las podrás recibir entrando a la página de Bonos que vienen con el libro.

Para recibirlas, solo pon tus datos en esta página y tendrás acceso inmediato:

www.alcanzatussuenos.com/sinjefe

Expectativas reales
Revisa cuál es tu realidad

Es muy importante saber en qué punto te encuentras en este momento, ya que así podrás darte cuenta de si necesitas cambiar o no. Esta claridad es crucial porque va a determinar la velocidad con la que tomes las decisiones. Así que vamos a hacer un ejercicio mediante una serie de preguntas que podrían ser determinantes para ti.

- ¿Por qué hago lo que hago?

Para poder responder necesitaras ir atrás en tu mente y preguntarte qué te llevó a decidir tu profesión actual.

Pueden existir muchas variantes: tu mejor amigo estudió esa misma carrera, tu papá ya tenía una empresa y quería que trabajaras para él, todo el mundo te decía que eras bueno sumando y decidiste ser ingeniero... En fin, hay un millón de factores que influyeron en ese proceso. Lo más importante es que hayas hecho lo que te apasiona.

Muchas personas tomaron la decisión de lo que querían hacer profesionalmente por el resto de sus vidas cuando eran adolescentes.

Pero como decía Wayne Dyer:

¿Le pedirías consejo a un adolescente sobre qué decisiones tomar para el resto de tu vida?

Seguramente la respuesta es no. Pero es lo que la mayoría de las personas han hecho. Toman una decisión en la adolescencia (que en su momento fue una decisión útil o la mejor que pudimos tomar basado en lo que sabíamos de la vida) y asumen que es para toda la vida, a pesar de que éramos inmaduros cuando la tomamos.

Y seguimos viviendo de esa manera por el resto de nuestras vidas, sin cuestionar esas decisiones.

Si la decisión está alineada con tu pasión, es decir, que aún amas y disfrutas lo que haces, tu decisión seguramente fue la correcta; pero si ahora te sientes confundido, es el momento de tomar el volante y manejar hacia lo que te hace feliz. La confusión puede ser un proceso incómodo para la mayoría de las personas, pero puedes empezar a verla como algo positivo, ya que cuando estamos confundidos, nuestro cerebro empieza a buscar y a producir nuevas respuestas y soluciones.

El peor estado en el que se puede estar es ubicarse en una zona de confort que realmente no te llena ni te hace feliz y no cuestionar nuestras decisiones. En ese estado, avanzar y transformarse no es posible.

- ¿Me gusta lo que hago o me siento terrible cada vez que empieza la semana?

El sábado y el domingo parecen ser los únicos días que la mayoría de las personas verdaderamente disfrutan.

¿Qué pasaría si los demás días también fuesen tan divertidos como el fin de semana?

Las horas en las que estamos despiertos debemos aprovecharlas al máximo haciendo el trabajo que nos gusta. ¿Sabías que 70% de estas horas las pasamos en nuestros empleos? Por eso es importante dedicarnos a algo que nos apasione, nos llene de retos, de buenos compañeros y nos dé tiempo para disfrutar en familia. Más vale una vida llena de felicidad que de frustración.

- ¿Estoy explotando mi potencial al máximo?

Cada uno de nosotros es único, por lo que todos tenemos habilidades especiales que nos permiten destacarnos y diferenciarnos de los demás. La cuestión es saberlas identificar para explotarlas.

Por ejemplo, te gusta escribir, pero te dedicas a vender. Quizás te has sentido frustrado en tu puesto de trabajo porque no rindes al 100%. La solución es buscar un oficio en el que puedas usar tus cualidades. En este caso quizás te iría mejor como guionista, bloguero o periodista.

La clave está en poder conjugar lo que nos apasiona y lo que nos provea un sustento económico. En la mayoría de los casos, solo cuando decides emprender tu sueño puedes ubicar el lugar en el que te sientas más cómodo, donde te conectas con tu pasión y te sientes realmente satisfecho.

¿Tu vida aporta algo positivo al planeta?

Todos los trabajos tienen un valor para la comunidad. Pero cuando estás bajo las instrucciones de alguien más, pareciera que vivieras dentro de una cárcel confinado. Solo puedes hacer lo que tu jefe te indica. Ahora bien, cuando decides vivir la vida en tus términos y eres tú el que toma las decisiones, no existen las barreras, por lo que puedes alcanzar metas más grandes y mejores.

Si ya respondiste estas cuatro preguntas, continúa al siguiente paso. Pero te recomiendo que escribas tus respuestas en un cuaderno, así podrás revisitarlas cuando termines el programa. No te preocupes si no todas fueron positivas; al contrario, considera que son un llamado de atención para que enrumbes tu vida hacia el camino que verdaderamente quieres recorrer.

No es el momento de andar quejándote de las personas que te rodean ni arrepintiéndote de las decisiones que tomaste. Todos tomamos la mejor decisión posible dadas nuestras circunstancias en el momento.

Eres el único responsable de tu vida; la idea es aprender del pasado y continuar hacia el futuro. Agradece cada experiencia (incluso las negativas) porque ellas te han permitido ser quien eres, fortificar tu carácter y estar donde estás ahora.

Diseña el estilo de vida de tus sueños

Si bien todos somos seres humanos, cada uno tiene diferentes metas. Es común escuchar que debemos trabajar toda la vida para que podamos pasar nuestra vejez sin mayores preocupaciones. En eso se nos pasan los años y, cuando llegamos a cierta edad, resulta que no hemos disfrutado como queríamos.

La cuestión va más allá de lo monetario, ya que lo que buscamos es sentirnos plenos y satisfechos. Para algunos son los lujos, tener la casa que siempre han soñado, para otros es viajar, etc. Sea cual sea la definición de la vida que quieres tener, la mejor manera de llegar a ella es haciendo lo que nos apasiona.

Crear un estilo de vida que te permita manejar libremente tu tiempo y tu espacio es algo que debes empezar a hacer ahora, no dentro de 20 años.

Así que es el momento de empezar a reflexionar sobre aquellas cosas que siempre has querido alcanzar y que aún no has podido, probablemente porque pensaste que no eran posibles, alguien te convenció de que eran solo fantasías, etc.

Para ayudarte a clarificar tu diseño de vida, te menciono algunas de las cosas más comunes que los seres humanos realmente desean alcanzar.

- **Libertad financiera**

Sin duda, el dinero no es garantía de felicidad. Hay muchas personas que son millonarias y son infelices por que no ganan más dinero del que tienen. Sin embargo, lo opuesto también es cierto. A no ser que estés en un nivel espiritual como el de la Madre Teresa, cuando no se tiene suficiente dinero para cubrir tus necesidades, no es posible ser feliz y de hecho se sufre mucho.

Tener una vida bien balanceada con libertad financiera te da opciones que te pueden ayudar a tener una vida más tranquila y estable.

¿Cómo vivirías si no tuvieses que preocuparte por pagar tus gastos todos los meses porque sabes que tienes los fondos suficientes para hacerlo tranquilamente?

¿Cómo sería tu vida si tuvieras un ingreso pasivo fijo para cubrir tus necesidades básicas e incluso tus lujos?

¿O suficiente dinero ahorrado para tomarte un par de años sabáticos?

- **Libertad de tiempo**

El tiempo es un recurso no renovable, por lo que debemos aprovecharlo haciendo las cosas que nos gustan, por ejemplo: pasar tiempo en familia, practicar el pasatiempo que nos encanta, etc. No tener que pasar más de 8 horas sentados en un cubículo haciendo algo que no nos gusta, sin poder ir a disfrutar las maravillas de la vida, no tiene precio.

La libertad de tiempo no necesariamente significa no hacer nada y pasar todo el día acostado, sino poder tener la libertad de decidir si trabajas hoy en lo que tanto te gusta o tomarte el día para compartir con tus seres queridos.

- **Libertad de ubicación**

Tomar el metro, un autobús o pasar horas en el tráfico puede ser demoledor, sobre todo si lo haces diariamente. Muchas personas, una vez que llegan a su trabajo, tienen que lidiar con un sinfín de llamadas telefónicas, tareas improductivas y, además, tienen que lidiar con jefes con poco liderazgo que están siempre observándolos.

Ahora bien, imagina si pudieras trabajar solo un par de horas desde tu casa o donde te encuentres... Mucha gente empacaría sus cosas y se iría de inmediato a viajar por el mundo.

Aunque parezca una fantasía, cada día y más a menudo existen personas que gracias a los negocios en línea, las inversiones o las tecnologías de hoy pueden hacer su trabajo desde cualquier parte del mundo que deseen. No es imposible; si es algo que te llama la atención, vivimos en una época privilegiada que permite ese tiempo de elecciones, solo basta saber cómo lograrlo.

Te invito a leer esta historia de una mujer joven que ha logrado vivir de esta manera y se ha hecho famosa por ello.

Puedes leer la historia aquí:

www.alcanzatussuenos.com/quieres-trabajar-para-siempre-o-tener-libertad-y-abundancia

El primer paso que hay que tomar para llegar a este objetivo es crear tu proyecto de vida.

Hay muchos libros y cursos sobre esto, pero fundamentalmente tienes que definir ciertas cosas como:

- Escribir todas las metas que quieres alcanzar.

- Tienes que ser lo más específico posible. Te explico: en vez de poner "me voy de vacaciones al Caribe", deberías anotar "Estoy conociendo las Bahamas en un crucero desde Miami y me estoy hospedando en el hotel Atlantis por 10 días".

- Todo debe estar en presente, esto ayuda a programar tu subconsciente, el cual te ayudará a expandir tu forma de pensar y a crear las oportunidades para alcanzar tus metas.

- Especifica las fechas en las que buscas cumplir esa meta. "El 1 de enero de 2020 estoy iniciando mi propio negocio". Trata de que estas metas sean retadoras y en un espacio de tiempo creíble.

- Al despertar, lee todas tus aspiraciones. Con ello podrás verificar el avance y te mantendrás motivado.

- Es muy importante enfocarte en los beneficios que la vida de tus sueños te traerá. Se ha demostrado que vivirlos y sentirlos como si ya estuvieran sucediendo tiene un gran impacto para poder conseguir las metas.

- **Debes tener mentalidad de emprendedor**

Muchos piensan que para llegar a ser millonarios deben ganarse la lotería, pero lo que "fácil llega, fácil se va". Hay estudios que han hecho seguimiento a las personas que han ganado la lotería y la mayoría de ellas han terminado en peor situación financiera en pocos años porque no han sabido administrar el dinero.

Por otra parte, solo un porcentaje muy pequeño de la población vive de la herencia que recibieron de sus familiares, el resto del mundo debe buscar la manera de lograr su propia fortuna.

Muy pocas personas llegan a ser millonarias con un sueldo. De hecho, la forma más común de alcanzar la libertad financiera es crear un negocio propio: ofrecer algún producto o servicio y venderlo al público.

¡Es así de obvio!

Entonces, ¿por qué no lo habías hecho antes?

La respuesta es la actitud que tengas en la vida: puedes ser un empleado o un emprendedor. Estas son algunas de las excusas más comunes que les impiden a las personas convertirse en empresarios.

- **Excusa 1: Es demasiado arriesgado dejar mi trabajo**

Si crees que tu empleo está asegurado, estás equivocado. Mientras trabajes para alguien más, más vas a depender de esa persona. Un día la compañía puede ser todo un éxito, pero al día siguiente puede caer en bancarrota, cambiar de directivos o tener una reducción de personal, pasar por una reestructuración, tener una baja en las ventas o las ganancias, etc., y tu puesto puede ser eliminado.

Sin embargo, cuando eres emprendedor, todos los resultados dependen de ti. Tu olfato en los negocios te permite ver las oportunidades y aprovecharlas para hacer crecer tu empresa.

- **Excusa 2: Hay que invertir mucho dinero para crear un negocio**

Si planeas crear una fábrica de muebles, en efecto vas a gastar mucho dinero. Pero hay otras alternativas que no requieren de mucha inversión.

Por ejemplo, puedes empezar a prestar algún tipo de servicio. Si tienes una habilidad, puedes utilizar esos dones y vendérselos a otras personas o, mejor aun, a algunas compañías.

En muchos casos, si tu empleo actual te paga por hacer lo que haces, muchas veces puedes conseguir otras empresas a las cuales les puedes ofrecer tus servicios particulares o de accesoria, y en esos casos la inversión suele ser mínima. El costo de tu negocio al principio es tu tiempo.

Si no quieres invertir todos tus ahorros, otra alternativa de baja inversión son los negocios en línea o por internet. No necesitas mucho, solo tu computadora, conexión a internet y tu tiempo.

Hay muchos ejemplos que ilustran esta idea; por ejemplo, si te gusta escribir, puedes publicar un libro en Amazon por un bajo costo, hacerle publicidad por tus redes sociales y empezar a obtener dinero.

También puedes crear un blog en alguna plataforma gratuita (como Blogger o Wordpress). Mientras vas ganando fama, puedes mejorar tu página con tu propio logo y un servidor.

¿Te gusta hacer videos?

Puedes empezar con la cámara de tu teléfono, grabar algunas tomas y subirlas a YouTube. Cuando empieces a generar muchas visitas y suscriptores, puedes invertir en luces y un micrófono para editar mejor y luego monetizar tus videos.

En fin, no necesitas millones para comenzar tu negocio, con una pequeña cantidad de dinero puedes multiplicar tu inversión.

- Excusa 3: Necesito contratar empleados

Te recomiendo que no contrates a nadie mientras estás empezando tu empresa si tu presupuesto es limitado. Al principio lo puedes ir haciendo todo por tu cuenta.

Una vez que conozcas bien el negocio, sabrás en qué área necesitas a un especialista. Debes jerarquizar las tareas: desde las más importantes, como tomar las decisiones del negocio, que las puedes dejar en tus manos, hasta las menos importantes, como diseñar el logotipo, etc., que se las puedes delegar a un trabajador tipo freelance, es decir, alguien que no es tu empleado a tiempo completo, sino que le contratas y le pagas por una asignación. La ventaja está en que solo le vas a pagar por el trabajo que solicitaste, no tienes que incurrir en gastos fijos, pagos de beneficios laborales, etc.

Contrata a alguien que se encargue de lo que no te gusta hacer, aquello que te es difícil o que no tienes habilidades naturales para hacerlo, y así te puedes concentrar en lo que verdaderamente eres bueno.

- Excusa 4: Debo rentar una oficina

Si tu negocio es online no necesitas una oficina. Lo importante es la presencia que tengas en la web. Con una identidad bien definida, las personas visitarán más tu página.

Si empiezas un negocio donde tú eres un intermediario, también lo puedes hacer al principio sin alquilar oficina.

Cuando tengas que hablar con tus clientes o un profesional freelance, lo puedes hacer por medio de una videoconferencia.

También, en muchas ciudades alquilan oficinas virtuales, que las alquilan por hora en caso de que necesites recibir a un cliente. Muchas de ellas están ubicadas en muy buenas zonas de negocios y dan una muy buena imagen.

Otra alternativa es subarrendar un espacio en una oficina o empresa más grande, como hacen muchos abogados, médicos, etc.

Si tu trabajo lo puedes hacer desde casa, cualquier rincón puedes habilitarlo como tu oficina. La ventaja es que puedes trabajar en la mañana en tu empleo y en la noche continuar con tu proyecto.

- Excusa 5: Soy muy joven y no tengo la experiencia necesaria

La única manera de ganar experiencia en algo es empezar a hacerlo. Nunca vas a saber manejar si no agarras el volante.

Claro que primero debes orientarte, pero eso no significa que esperes toda tu vida hasta que te sientas seguro porque, mientras pasa el tiempo, seguirás siendo el empleado de alguien más.

Obtener todo el conocimiento posible sobre el negocio que quieres emprender es vital para ganar confianza y poder dar el paso.

- Excusa 6: Soy muy viejo para empezar desde cero

Esta es una de las excusas más frecuentes que escucho. Napoleón Hill, quien estudio a los hombres más exitosos y millonarios de su época, comenta en su libro que la etapa donde las personas son más productivas es entre los 40 a 55 años.

Pero esto inclusive ha ido cambiando. No es extraño escuchar de personas mayores que empiezan su empresa a avanzada edad y alcanzan su libertad financiera, como es el caso de Louise Hay.

Si la edad te parece que es una limitación, te recomiendo ver este video del coach Elvis D. Beuses. Puedes entrar aquí para que veas el video:

http://youtu.be/-xEQHE58wvw

O puedes buscarlo en YouTube ingresando en la barra de búsqueda:

Estoy muy viejo para lograr mi sueño ElvisDBeuses

No permitas que la edad se convierta en tu excusa. Todos aprendemos mientras tengamos la disposición de hacerlo.

- Excusa 7: No sé qué negocio iniciar

En este punto muchas personas se sienten atascadas porque creen que ya todo está hecho, además de que hay demasiada competencia. Sin embargo, esto no es del todo cierto; hoy por hoy usando internet puedes llegar a millones de personas alrededor del mundo y siempre puede haber alguien interesado en lo que ofreces.

Probablemente estarás de acuerdo de que una de las personas más poderosas del mundo siempre es el presidente de Estados Unidos. Pues solo unos años atrás, en la década de los 90, el presidente Bill Clinton no tenía una dirección de correo electrónico.

Hoy por hoy, tú cuentas con muchísimos más recursos que el hombre más poderoso del mundo hace unos años atrás.

Conozco gente que empieza a hacer miles de negocios y siempre fracasa. La clave es enfocarte en uno solo, alcanzar tu cometido y continuar al otro. En el próximo capítulo te ayudaré a encontrar el negocio ideal para ti. Pero antes de llegar ahí, debemos conocer los siguientes pasos a seguir.

¿Cómo conseguir la mejor idea para empezar un negocio rentable y con futuro?

La idea del negocio es el punto más crítico y donde mucha gente se estanca, ya que no saben qué negocio empezar. O, lo que es peor, escogen la idea equivocada, y si te equivocas en eso, puedes hacer el resto bien, pero no vas a poder tener los resultados que esperas.

Así que antes de empezar con este capítulo, quiero que vayas a la sección de bonos que viene con este libro en la página web, ya que ahí encontrarás un video excelente con una estrategia extremadamente efectiva que puedes aplicar para dar con una idea de un negocio exitoso.

Si aplicas bien el contenido del video, no deberías tener problemas financieros por el resto de tu vida, y en realidad es la única estrategia que pudieras necesitar.

Para verlo visita:

www.alcanzatussuenos.com/sinjefe

En la página solo pon tu nombre y tu mejor dirección de correo electrónico y tendrás acceso al video y otros bonos.

Una buena pregunta que te puedes hacer es:

¿Cómo puedo mejorar lo que existe en el mercado?

Muchos se enfocan en crear un producto totalmente original, cuando muchas veces la respuesta está en lo que ya tenemos a la mano.

Si alguien más lo ofrece, ¿por qué tú no lo puedes hacer mejor?

Siempre hay un espacio para las personas que buscan invertir en el mundo de los negocios.

Piensa en tres productos o servicios que harían tu vida más sencilla. En algo que te ahorre dinero, tiempo y mejore tu trabajo.

Ahora, reflexiona: qué te gusta (o no) hacer y qué hace que a las personas les agrades (o no).

Por último, pregúntate por qué quieres empezar un negocio y qué puedes ofrecer en el área que dominas.

Los pasatiempos pueden ser clave para escoger tu negocio.

No dejes que nadie te detenga en tu camino hacia el éxito. Seguramente, te vas a conseguir personas que te adviertan sobre la "locura" que estás haciendo y hasta te envidien por tu interés y convicción. Aunque siempre habrá un buen amigo que te aliente a alcanzar tus metas.

La perseverancia es clave para mantenerte a flote. La palabra NO resonará en tus oídos un montón de veces, pero lo importante es que no te lo tomes como algo personal y continúes hasta escuchar el SÍ.

Una lectura que te puede ayudar en este tema es el libro de Ángel Miquel Pino titulado *"Cómo Descubrir Ideas de Negocios Rentables"*.

Educarnos mejor en este aspecto, es algo que nunca está demás.

Advertencia:

Quiero compartir un error que he cometido y que me ha costado muchos años de retraso para alcanzar mi independencia financiera, de modo que tú no caigas en el mismo patrón, ya que es muy común.

Por más de 8 años intenté muchos negocios, hice más de 100 páginas web, hice marketing de afiliados, Adsense, SEO, trabajé con redes sociales, importé productos, etc. En resumen, probé muchísimas cosas y ninguna me dio resultado.

Fue un proceso muy frustrante, pero seguía adelante porque sabía que las personas más exitosas del mundo habían pasado por procesos similares. Por ejemplo, Thomas Edison tuvo que fracasar más de 10.000 veces para poder desarrollar el bombillo.

Sin embargo, la mayoría de la gente prueba una idea, se equivoca una vez y nunca vuelve a intentarlo. Así que la perseverancia, el no darse por vencido nunca, es vital para llegar al éxito.

Por suerte, ese no fue mi error. Mientras fallaba, aprendía de mis errores y además seguía estudiando todo lo que podía.

No fue hasta que estaba leyendo un libro publicado por Pat Flynn, quien hoy en día es un empresario muy exitoso en línea que solo este mes ha ganado más de 150.000 USD. Pat empezó su camino cuando quedó desempleado porque lo despidieron de su trabajo. Es alguien a quien respeto y admiro, porque tiene lo que se necesita para salir adelante de situaciones difíciles y hacer mucho dinero.

En el libro, Pat cuenta que pasó por un proceso similar al mío. Trataba una cosa, después otra y nada le salía bien, hasta que descubrió el porqué. Cuando lo leí, me impactó porque me di cuenta de que yo había estado cometiendo el mismo error todos estos años.

El error fue que estábamos trabajando duro **solamente para hacer dinero**.

Si quieres una fórmula para el desastre, es esa.

Si lo haces solo por dinero, pero tu pasión y tu corazón no están ahí, vas a terminar mal.

Si no amas lo que haces y estás creando cosas para dar VALOR AGREGADO y mejorar la vida de otras personas, vas por muy mal camino… Incluso si llegas a hacer mucho dinero.

He escuchado historias de personas que se han hecho millonarias haciendo algo que no les gusta y han terminado cerrando su empresa y despidiendo a todos sus empleados, como resultado del nivel de insatisfacción que tenían con lo que hacían.

Probablemente estarás pensando, "Bueno, prefiero ser millonario (a) con algo que no me gusta que estar como estoy hoy".

Si es así, entiendo tu punto de vista.

Pero, ¿por qué no ir en búsqueda de tenerlo todo?

¡Tener el dinero, además de satisfacción y plenitud!

Porque sí es posible.

Después de todo, para hacer dinero, tendrás que trabajar duro, poner mucho esfuerzo, sacrificio y tiempo.

¿Para luego terminar insatisfecho?

Es mejor empezar con buen pie y llegar a donde queremos llegar en realidad. A un nivel de abundancia y plenitud.

Recibirás más información a fondo sobre cómo alcanzar esto, al registrarte para recibir el material complementario en:

www.alcanzatussuenos.com/sinjefe

Escoge el nicho indicado

Lo siguiente que tenemos que definir es en qué parte del mercado deseas participar, y a continuación te expongo dos rutas que te pueden ayudar a la hora de tomar la decisión.

- La ruta del interés

Para seguir este camino debes hacerte una serie de preguntas:

¿Cuáles son los temas que siempre te han apasionado?

¿Qué clase de revistas o libros lees?

¿Qué tipo de videos te gusta ver en la televisión o en YouTube?

¿La gente te pide consejos sobre cuáles temas?

¿En qué áreas terminas ayudando a las personas?

Cuando estoy en una reunión de amigos, ¿cuáles son los temas que captan tu atención?

¿Conoces a alguien que haya triunfado en la industria en la que quieres incursionar?

Las respuestas a estas interrogantes te pueden guiar al momento de decidir en qué nicho invertir. Todos somos buenos en algo; aunque creas que tú no eres uno de ellos, tienes todo el potencial para llegar a serlo. Todo es cuestión de esfuerzo.

- La ruta del mercado

Otra forma de encontrar el nicho indicado es conociendo el ambiente que te rodea; es decir, si estás familiarizado con algo, piensas desde la mentalidad del consumidor y sabes lo que esa persona está buscando.

Por ejemplo, si practicas fútbol, es probable que tengas conocimientos acerca de la clase de zapatos que necesita un jugador. No te preocupes si no sabes cómo fabricarlos, lo importante es que ya descubriste dónde enfocarte. Ahora veamos cómo puedes lograrlo.

Pasos a seguir

1. Lluvia de ideas: durante 15 minutos anota todo lo que te interesa en un papel. No le des muchas vueltas, solo escribe lo que se te venga a la mente.

2. Crea otra lista con los nombres de todas las organizaciones a las que perteneces: colegio, comunidad, religión, etc. Luego elige con cuál te sientes más cómodo. Una vez hecho esto, escribe los problemas que sufre dicha organización y crea un plan para poder solventarlos.

3. Ahora repasa cada uno de los planes y ve si responden a estas premisas: algo que te apasiona hacer, algo en lo que eres muy bueno y algo que te brinde un sustento económico.

4. Investiga un poco el potencial del nicho que escogiste. Esto lo puedes hacer por medio de una exploración en Google para ver el tráfico de ese tema. Te recomiendo Google Keyword Planner (gratis) o Market Samurai (tiene un costo) como herramientas de búsqueda.

5. Si te sientes confundido porque te interesan varios nichos, podrías hacer una lista con los tres primeros que se adaptan mejor a tus metas.

En el siguiente capítulo te ayudaré a escoger el que más te convenga. Y exploraremos diferentes alternativas para poder convertir tu idea en un negocio online.

La mejor plataforma de negocio online para ti

Una de las grandes ventajas de tener un negocio online es que puedes hacer varias cosas a la vez. En otras palabras, puedes seguir con tu empleo y al llegar a casa trabajas en tu negocio. Es la mejor manera de tener otro ingreso.

Una vez que veas que tu marca crece cada día más y estés generando ingresos suficientes, podrás decidir cuál es el mejor momento para renunciar a tu puesto de trabajo y empezar a andar por tu cuenta.

Todo el mundo está comprando a través de internet, y esta tendencia sigue en aumento. Incluso si tienes una tienda física, te recomiendo que empieces a promocionarte en la red.

He visto que muchos dueños son más infelices que sus propios empleados por toda la responsabilidad que conlleva mantener un local. La ventaja de internet es su sencillez y que te permite manejar mejor tu tiempo con más libertad.

Te voy a mostrar una serie de ejemplos para que puedas tener una mejor perspectiva sobre las plataformas en línea.

Si por ejemplo decidiste que vas a comenzar un negocio de decoración del hogar, estas serían algunas de las alternativas más tradicionales que pudieras implementar:

- Convertirte en un diseñador de interiores.

- Crear una tienda que venda muebles para el hogar, obras de arte, entre otros.

    o Fabricar tu propia marca de productos y venderlos a las cadenas de tiendas especializadas en ese mercado.

- Diseñar una revista dedicada a la decoración de interiores.

- Escribir un libro sobre el tema y buscar una editorial que lo publique.

- Animar un programa de televisión sobre la renovación de casas.

¿Alguna de estas ideas te parece sencilla?

Todas implican un gran esfuerzo y gran cantidad de dinero. Si todavía no tienes el capital, no vas a querer emprender este proyecto. Esta es una de las razones de por qué la mayoría de las personas se mantienen como empleados durante toda su vida.

Ahora veamos cómo puedes tratar de desarrollar la misma idea con un negocio online:

- Abre un blog en el que hables de las últimas tendencias en el mundo de la decoración de interiores. Obtendrás ingresos con las reseñas de los productos y la publicidad de la página.

- Crea una aplicación para teléfonos inteligentes. La persona podrá tomar un elemento decorativo y ponerlo en su habitación para ver cómo lucirá.

- Escribe una serie de libros digitales sobre la decoración y publícalos en internet, bien sea por Amazon u otra librería digital.

- Ten una cuenta en YouTube para subir videos de remodelación de casas.

- Encuentra productos de empresarios independientes y véndelos en las tiendas online.

- Realiza videos tutoriales sobre el diseño de interiores y negocia la idea con páginas que oferten cursos, como Udemy.com.

Para realizar cualquiera de esas opciones o varias de ellas, el nivel de inversión es mucho más bajo que abrir una tienda o un local físico.

Otro beneficio es que las herramientas de automatización de hoy en día te permiten hacer dinero mientras duermes. Con una pequeña inversión puedes multiplicar los beneficios.

Esto también se puede aplicar a otras profesiones; por ejemplo, si eres profesor debes asistir personalmente a la institución donde dictas clases y solo te pagarán esas horas. Pero si estás online, puedes viajar y conectarte para dar tu clase a alumnos que estén al otro lado del mundo o, mejor aun, tener un curso pre-grabado que vendes una y otra vez sin necesidad de que tú lo estés dictando cada vez.

Si eres un entrenador personal, solo puedes atender a un número limitado de clientes. Y si estás fuera de la ciudad o te sientes mal, no puedes dar la clase. En consecuencia, se limitan tus ingresos.

Al tener tu propio negocio online, puedes alcanzar una o varias de las siguientes proposiciones:

- Contactarte con tus seguidores a través de un blog.

- Diseñar tu marca de cuidado corporal (ropa, suplementos vitamínicos, pesas, etc.) y vender en las tiendas online.

- Recomendar los mejores gimnasios, equipos de entrenamiento, dietas... y al promocionarlos podrás ganar dinero porque serás como un socio para ellos.

- Puedes crear un DVD que contenga rutinas de entrenamiento y ofrecerlos en las tiendas online.

- Realizar una serie de videos sobre fitness que respondan a distintas necesidades. Esto es ideal para las personas que buscan orientación, pero no pueden pagar a un entrenador.

- Grabar un podcast (pequeños programas de radio en iTunes) en el que entrevistes a celebridades y compartas sus secretos de ejercicios con tus seguidores.

Todas las plataformas anteriores te permitirán ganar dinero de forma automática y, lo más importante, pasarás de ser un empleado a un emprendedor. Tu trabajo va a trascender otras latitudes y lograrás un impacto positivo en la sociedad.

Ahora hablemos más en detalle sobre estas plataformas.

Principales Tipos de Plataformas Para Hacer Dinero En Línea

1. Blogging

Si te gusta escribir, tener un blog podría ser ideal para ti.

Lo primero que debes hacer es encontrar el nicho, es decir, escoger un tema que te apasione, porque siempre vas a tener que crear contenido para alimentar la página. Si puedes pensar en por lo menos 50 artículos sobre el tema, entonces vas por buen camino.

Lo ideal es escribir sobre lo que la gente necesita. Eso es más importante que solo escribir lo que a uno le gusta.

El contenido debe ser de calidad, y no tienes que publicar artículos todos los días, con una o dos veces por semana es suficiente. Con WordPress o Blogger puedes crear gratuitamente tu blog. Eso sí, siempre guarda respaldo de todos los artículos que publicas para protegerte de cualquier eventualidad, especialmente porque si utilizas esas plataformas no tienes control total sobre el futuro de ellas.

Esas dos plataformas son gratuitas, pero pueden tener limitaciones para monetizar tu blog. Algunas no ofrecen publicidad o enlaces de productos afiliados en ellas, por lo que pueden limitar tu capacidad de hacer dinero.

Por ejemplo, había una plataforma similar a estas dos llamada Posterous, que luego de ser comprada por Twitter decidieron cerrarla. Es por ello que no todas las opciones gratuitas son lo mejor.

Si puedes costear tu dominio y el servicio de hosting (que son las dos cosas que necesitas para empezar tu blog o página web), vas a tener mucho más control sobre tu blog y cómo utilizarlo.

Si bien hay mucha competencia, lo importante es diferenciar tu propuesta de las demás; para ello te va ayudar tu experiencia y tus conocimientos. Visita otros blog y ve cómo luce su página y qué hacen para ganar seguidores. Toma una idea, transfórmala y hazla tuya. No todo tiene por qué ser 100% original.

Lo más importante es que tu contenido sea el mejor. Para ello, cuando selecciones un tema del cual hablar, asegúrate de visitar las primeras páginas que aparecen en Google. Una vez que las leas, trata de crear contenido que sea al menos 10 veces mejor del que existe en la actualidad.

La razón por la que tiene que ser al menos 10 veces mejor, es porque siempre tendemos a creer que lo que creamos es lo mejor porque estamos emocionalmente apegados a ello. Y en muchos casos podemos pensar que nuestro contenido es el mejor, cuando no lo es. Es por ello que hay que apuntar a algo muy superior.

Google decide qué página poner primero en su motor de búsqueda generalmente basado en la calidad del contenido y la experiencia del usuario. Por ejemplo, ellos miden cuánto tiempo pasa una persona metida en una página después de haber hecho clic en los resultados de búsqueda. Eso es solo alguno de los puntos que ellos parecen medir para determinar la calidad del sitio.

Por esta razón, recientemente los artículos más largos sobre un tema tienden a ser los que mejor se posicionan. Pero recuerda que tiene que ser de calidad, porque puedes escribir 5.000 palabras sobre un tema, pero si las personas se aburren o no lo encuentran útil, se irán de tu página inmediatamente, lo que afectará tus valores de calidad ante los ojos de Google.

La otra razón es que cuando creas algo que es 10 veces mejor que todo lo que existe, las personas se verán motivadas a compartirlo en las redes sociales, lo que puede llevar a convertirlo en un contenido viral.

No olvides incluir buenas imágenes o infografías con tu logo y la dirección de tu blog, ya que esto también motiva a las personas a compartirlas en las redes sociales.

El nombre del dominio de la página es fundamental para lograr esa notoriedad. Mientras más claro y relacionado con tu tema sea, será más fácil encontrarlo en los buscadores.

Utiliza el blog como una herramienta para impulsar tu negocio. También te puede ayudar la publicidad, como la que ofrece Google Adsense, Bing Ads o Facebook Ads, Twitter Ads, Instagram Ads, entre otras.

Es recomendable que ofrezcas algo en tu blog de forma gratuita porque es un gancho para convertir a tus visitantes en suscriptores. Por ejemplo: puedes hacer un podcast cada semana sobre el tema que escojas y compartirlo con tus seguidores.

No te limites solo al blog, participa en otras plataformas y promociona tu página en estas.

2. Podcasting

Los podcasts han cobrado mucha popularidad en los últimos años. Las personas desean escuchar algo mientras van hacia su casa, trabajo, gimnasio, etc.

Si bien los blogueros crean contenido para ser leído, muchos de ellos ahora han migrado hacia estos pequeños programas de radio. Entre las plataformas que los distribuyen encontramos: iTunes, Stitcher y Sound Cloud.

Pat Flynn, el ejemplo que di anteriormente, se hizo famoso gracias a su podcast.

Su programa ha sido bajado más de 37 millones de veces, lo que lo ha hecho famoso y le permite ganar más de un millón de dólares al año.

Pero, ¿cuáles son las ventajas de hacer podcasts?

He aquí algunas estadísticas interesantes:

- Existen 200.000 podcasts. 19 millones de blogs y un billón de usuarios de YouTube.

- 98 millones de personas escuchan podcasts y 409 millones de usuarios ven más de 23 billones de páginas cada mes.

Si analizas estas estadísticas, creo que ya entiendes el punto.

Hay una gran cantidad de personas que escuchan podcasts, pero hay muchísima menos competencia en los podcasts.

Pero las cifras no se quedan ahí:

- El 36% de la población mundial escucha podcasts.

- La escucha de podcasts ha crecido 23% en solo un año.

Asimismo, las personas tienden a escuchar los podcasts por más tiempo que lo que ven los videos. El video promedio en YouTube es solo de 4 minutos, 20 segundos.

Solo basta darle un vistazo a los podcasts para darte cuenta de que a menudo el promedio es de media hora.

Hay menos incentivos para cambiar de podcast cuando se está escuchando uno, porque las personas los consumen mientras conducen, hacen ejercicio, etc.

No hay tanta distracción como en otras plataformas.

¿Cómo funcionan?

Una vez que grabas el podcast, solo tienes que subirlo una vez porque todas tus cuentas están sincronizadas con RRSS (Sindicación Realmente Simple), es decir, que cuando crees un nuevo podcast se enviará automáticamente a los suscriptores de tu canal en las diferentes plataformas que reproducen podcasts.

No tienes por qué ser un emprendedor para empezar a crear tu propio contenido. Cualquier profesión se puede beneficiar del alcance de los podcast. Si eres un dentista, graba unos micros en el que enseñes a tus colegas a promocionar su consultorio. Con ello no solo tendrás seguidores en tu ciudad, sino también en todo el mundo.

Para empezar necesitarás una computadora, una tablet o hasta un teléfono inteligente. Después puedes comprar un micrófono; hay de todos los precios, prueba con uno más económico y luego ve mejorando. Lo importante es que aíslen el ruido y tu voz suene limpia.

También debes tener un programa de edición (Adobe Audition, Audacity o Garage Band). Hay muchos programas de edición de audio gratuitos; yo en lo personal uso Audacity. Tú mismo puedes editar los episodios; mientras más pericia tengas, lograrás hacerlo en 5 o 7 minutos. Asimismo, puedes contratar profesionales freelance para las tareas que menos te gusten.

¿Consideras que no estás preparado para este mundo?

¡No te preocupes!

Muchos de los creadores de podcasts hoy en día eran inexpertos cuando empezaron a grabar sus programas, pero invitaron a personas que ya tenían cierta fama y así lograron que sus seguidores también se unieran a ellos.

La reacción del público es un indicador del producto que estás ofertando; por ello debes ser constante y subir un episodio una o tres veces a la semana.

¿Se puede hacer dinero con los podcasts?

Hay varias formas de hacer dinero con tu podcast, pero la más común es hacer publicidad.

Generalmente consigues una compañía que te pague por hacer mención a su marca, usualmente después de la introducción del episodio, aunque algunos podcasts también lo hacen en la mitad, como un corte comercial, y al final.

Si quieres ganar dinero, primero debes desarrollar una audiencia. Al principio ofrece los programas de forma gratuita, luego verás cómo va aumentando el número de seguidores. Con el tiempo tendrás anunciantes.

Otra forma de hacer dinero es desarrollar un producto o servicio que cubra una necesidad en tu audiencia relacionado con el tema de tu podcast, y una vez que tengas una buena cantidad de seguidores, ofrecerlo.

Todo va a depender de la calidad del programa y de su contenido. Esta es la mejor manera para que tus oyentes confíen en ti y empiecen invertir en tus productos.

3. YouTube

Los videos son un medio muy poderoso para posicionar tu marca. En la actualidad, YouTube es el segundo buscador más visitado en la red. Las personas crean un mejor vínculo con el presentador cuando ven videos. En otras palabras, es mejor que hables directamente con tu público, así se convertirán más rápido en tus seguidores leales.

Si eres principiante, no te preocupes mucho por la calidad de los videos o la edición. Lo importante es presentar un contenido que toque la realidad de la gente y que ayude a promocionarte. Con el tiempo verás cómo irás mejorado.

En lo personal, mi edición no ha sido nada buena, pero eso no ha impedido que algunos de mis videos se hayan vuelto virales, obteniendo algunos miles de seguidores en muy corto tiempo.

¿Cuál es el truco?

Al igual que con el blog, tienes que buscar producir el mejor contenido posible. Si el contenido de tu video es el mejor y le estás dando a la gente lo que necesita, las personas lo compartirán y lo harán viral.

Lo primero que necesitas es una cámara, que puede ser la del teléfono o una digital. Los accesorios (micrófonos, iluminación, trípode) los puedes comprar una vez que empieces a ganar dinero.

Todo comienzo es duro, así que para lograr tener tráfico, necesitas montar contenido con cierta frecuencia. Funciona al igual que un blog: una vez que alguien comparte el video, otros visitarán tu canal.

Otra cosa es siempre tener un llamado a la acción en cada video, como pedirles a los visitantes que se suscriban a tu canal, que se registren en tu página, que compartan el video, etc.

También el número de "likes" o "me gusta" y la cantidad de comentarios que los usuarios dejen influye en como YouTube categoriza tu video. Así que también puedes pedirles que dejen su opinión en la sección de comentarios.

Eso sí, trata de solo hacer un llamado a la acción o máximo dos. Si pides que se suscriban, compartan el video, comenten, le den "like", etc., las personas no lo harán. Concéntrate en una o dos cosas.

Con el tiempo lograrás el efecto de bola de nieve. Debes estar atento a las palabras claves para saber qué están buscando los usuarios en las redes, ya que esto te ayudará a lograr buenos títulos para tus videos. Para ello puedes usar Google Keyword Planner.

Promocionarte en otras plataformas también es importante. Busca que te mencionen en blogs, podcast u otros canales de YouTube. Es muy importante lograr un efecto viral con tu video, por lo que siempre es recomendable hacer algo entretenido y cómico.

Muestra cómo ha sido tu crecimiento desde que comenzaste hasta el punto en el que te sentiste exitoso; habla tanto de lo bueno como de lo malo. La gente se involucrará con tu testimonio y buscará adquirir lo que promociones para llegar a disfrutar de ese estilo de vida.

Nota: Hay que tener expectativas reales con respecto a YouTube. Cuando permites que YouTube muestre publicidad en tus videos, el pago suele ser muy pequeño. Varía según tu audiencia, pero puede estar alrededor de $1 por cada 1.000 personas que lo vean.

En lo particular, he logrado tener videos que me generen cada uno $10 dólares al mes, lo cual es muy poco.

Pero, ¿qué pasa si decido producir 100 videos en ese nicho?

No es para hacerse millonario, pero serían $1.000 al mes sin hacer nada, una vez que los produzca y los monte.

A medida que tu canal crece, crecen tus subscriptores, y si tu contenido es de calidad, van a pasar varias cosas:

1- YouTube va a clasificar tus videos en las primeras posiciones, ya que la cantidad de seguidores, el número de videos que produces, la cantidad de personas que los ven, etc., aumenta la autoridad de tu canal. Así que YouTube te da una mano.

2- Al tener más videos, vas a tener más subscriptores. Al tener más subscriptores, cada vez que publiques un video, todas esas personas reciben una notificación avisándoles que montaste un nuevo video. Por lo que tener más gente viéndolos, se hace más fácil.

En otras palabras, obtienes un efecto de bola de nieve que te ayudará a producir más dinero.

Otra forma es monetizar tus videos con afiliados, tus propios productos o publicidad a empresas, así como lo mencionamos en la sección de podcasts.

Puedes producir un contenido que la gente esté buscando y necesite, y al final puedes ofrecer tu producto o servicio especificando claramente dónde lo pueden comprar.

4. Publicaciones en Kindle

Para publicar un libro ya no tienes que seguir el proceso tradicional de conseguir una editorial. Ahora todo está en tus manos. Puedes escribir sobre lo que te apasiona y promocionarlo en las librerías digitales para que tus lectores conozcan tu obra.

Las personas que viven de las regalías de sus libros, generalmente tienen varios libros. Así que si buscas ganar dinero, debes presentar un libro con cierta regularidad.

Para ello es importante encontrar tu nicho, es decir, de qué vas a hablar. Una vez hecho esto, te recomiendo que te organices muy bien. Crea un plan de escritura: cuántos libros piensas hacer en un semestre y en qué fecha estarán listos.

Todo es cuestión de disciplina.

Establece las horas en las que vas a sentarte a escribir, bien sea en la mañana, en la tarde o en la noche. Te recomiendo que cuentes las palabras al final de cada jornada para conocer mejor tu ritmo.

Al igual que en las otras plataformas, **lo importante es la calidad** y la claridad del contenido.

Amazon te permite, a través de Create Space, hacer tu libro tanto en versión física como en digital. No hay necesidad de arriesgarse al principio con una inversión en una imprenta. Primero asegúrate de que tu libro gusta y se vende bien en Amazon y luego puedes considerar imprimirlo tú mismo, ya que te puede resultar más económico que usando Create Space.

También si tu libro se vende muy bien en Amazon, te será más fácil ofrecerlo a las editoriales, ya que habrás probado que es una inversión rentables para ellas.

Actualmente, Amazon es dueña del 80% del mercado de ventas de libros. Así que es el primer lugar donde hay que estar. Luego, puedes ofrecerlo en otras plataformas adicionales.

Una de las formas más efectivas para promocionarte es el *email marketing* (campañas a través del correo electrónico) porque impulsan tus ventas en Amazon y construyen ese lazo de lealtad entre el autor y los lectores.

Puedes luego consultar a tu audiencia para tener mejores ideas en tus próximos libros y saber qué está buscando.

Las ventas de los ejemplares tienen sus altas y bajas: en un mes ganas mucho dinero, pero en el otro quizás no tanto. La mejor forma de lidiar con esto es, como ya dije, escribir varios libros para que tu ingreso sea más estable.

No dependas exclusivamente de Amazon; busca abrir un blog y promocionar otros productos que estén relacionados con tus libros. Pero tampoco pierdas el foco, recuerda que lo principal es tu oficio de escritor.

Si esto te atrae, te recomiendo que veas una entrevista en YouTube con Marc Reklau, quien ha sido un escritor de bestsellers en Amazon. Da muy buenos consejos sobre cómo ser exitoso en esta y muchas otras áreas.

Para ver la entrevista en YouTube, puedes hacer clic en este enlace:

https://youtu.be/syZdQ0OhU1U

O, al entrar en YouTube, en la barra de búsqueda escribe:

"De Desempleado a Autor de un Bestseller. Entrevista con Marc Reklau"

5. Productos físicos en Amazon o MercadoLibre

Vender por internet es una excelente opción para impulsar tu negocio, pero también se puede volver bastante tedioso cuando tienes que enviar más de 10 cajas diarias por cada una de las compras.

Amazon te permite agilizar este proceso con Fulfillment by Amazon.

¿Cómo funciona?

Primero debes mandar toda tu mercancía a los galpones de Amazon, donde la almacenan y, cada vez que alguien decida comprar, Amazon directamente se encargará de todo.

¡Dile adiós a las preocupaciones!

Cualquier inconveniente es solucionado directamente por Amazon.

Otra de las ventajas es que los productos son empaquetados en cajas de Amazon, así que el consumidor confiará de inmediato en su compra. También está protegido por la Política de reembolso y aplica para los descuentos de envío.

El servicio está disponible en todo el mundo. Puedes empezar con Amazon de Estados Unidos y luego amplia tu negocio al Reino Unido, Holanda, etc.

Muchos de los vendedores de esta plataforma no tienen una marca.

Puedes ofertar objetos que hayas adquirido en ventas de garaje u otras páginas web.

Ahora bien, vale la pena que crees tu marca, en caso de que promociones tus propios productos. La mayor parte de los consumidores desconocen que no le están comprando a Amazon directamente, sino a un tercero.

Por cada venta recibirás alrededor de 28 o 35% de las ganancias. La otra parte es el costo del inventario y el pago a los servicios de Amazon. Parece un poco alto, pero ellos hacen la mayor parte del trabajo por ti. E incluso, si lo haces bien, Amazon te consigue los clientes. Amazon está compitiendo en este momento con Google en la cantidad de ventas que generan en línea. Eso te da una idea de la cantidad de personas que usan Amazon como plataforma de compra.

Debes encontrar un buen nicho; para ello te recomiendo que revises la lista de los mejores vendedores de Amazon y veas qué ofrecen. Una vez que hayas hecho esto, sabrás cuál es la demanda del producto.

Luego investiga cuántas personas están ofertando lo mismo, así conocerás tu competencia. Lo más importante es que adquieras la mercancía a costos mucho más reducidos para que llegues a un buen precio.

La otra opción es ofrecer un producto que mejore lo que ya existe o que ofrezca una característica y/o beneficio que tu competencia no brinda.

Para tu inventario busca productos en diferentes mercados, como en China o en tu mismo país, pero siempre verifica su calidad. Las tiendas al detal son una buena opción para comparar precios.

Muchos de los expertos en esta área recomiendan buscar productos pequeños y de poco peso, ya que esto hace que los costos de envío sean mucho más bajos.

No necesitas un gran capital, pero sí un buen olfato para encontrar buenos productos a bajo precio. Compra por bultos, utiliza los cupones y aprovecha el envío gratuito.

También existen otras plataformas como eBay, Etsy, MercadoLibre, etc., donde también puedes ofrecer tus productos, ya que estas páginas también tienen una audiencia grande de compradores.

El secreto con estas plataformas es comprar el producto a un bajo costo. Lo bueno es que con la tecnología de hoy, mientras buscas qué comprar, puedes ya revisar en tu móvil a qué precio se venden los productos similares en estas plataformas, para poder decidir la rentabilidad del producto en el momento.

Una guía general es conseguir los productos por lo menos a mitad de precio al que se consiguen en Amazon. Asegúrate siempre de calcular bien los costos adicionales, como las comisiones de Amazon y los envíos.

Asimismo, es importante que el producto ya tenga una demanda en Amazon. No quieres terminar comprando un gran lote de mercancía que luego se vende una unidad cada mes.

Otra alternativa es usar lo que se llama Dropshipping.

Funciona de esta forma: Consigues un fabricante que no esté vendiendo en línea (sí, aún hay muchos que no son tecnológicamente hábiles). Luego haces un acuerdo con el fabricante para que te dé el producto con descuento.

Pones el producto a la venta en Amazon y, cada vez que lo vendas, el fabricante lo envía directamente al comprador.

De esta forma, no tienes que gastar dinero en inventario. Simplemente eres un intermediario del fabricante, quien ahora, gracias a ti, puede distribuir su producto en línea.

6. Cursos Udemy o Teachable

Actualmente, la educación a distancia está de moda, las personas prefieren aprender desde la comodidad del hogar y no perder ni tiempo ni dinero en el camino hacia una institución.

Si tienes un buen conocimiento sobre algo, puedes dar cursos en línea en plataformas como Udemy, Teachable y Gumroad, entre otras.

Udemy te ayudará a promocionar tus cursos porque es una plataforma de enseñanza online en la que participan personas de todo el mundo.

Para empezar, debes escoger un tema.

Si tienes un blog o un canal de YouTube, sabrás si los contenidos que ofreces cautivan la atención del público. También debes estar atento a los comentarios, porque ellos siempre son un indicio de lo que la gente busca y necesita.

Te recomiendo que guardes sus direcciones de correo y crees una lista, a la que después puedes enviar un email promocionando tus nuevos cursos y podrías ir aumentando tus ventas de esta manera.

Crea una página personal en la que también ofertes tus cursos. Es bueno ganar seguidores en Udemy, pero manejar otras opciones nunca está demás. Otras páginas similares son Skill Feed y Skill Share.

Un micrófono y un programa de edición (Screen Flow para Mac o Camtasia para PC) son suficientes para comenzar.

Yo utilizo uno gratuito que se llama Utipu Tipcam y me ha funcionado muy bien, pero hay otros gratuitos que puedes probar.

No solo muestres la pantalla, ya que también es bueno que hagas una aparición al comienzo o al final de cada clase; así podrán saber que hay una persona real detrás de la voz. Al principio, los videos no tendrán la mejor calidad, pero con el tiempo mejorarás tus habilidades y, por ende, el producto final.

Te dejo tres consejos que aumentarán las visitas a tus cursos:

- Dicta más de un curso para que las personas tengan la oportunidad de escoger según sus intereses.

- Crea cursos gratuitos, ya que así captarás nuevos seguidores que luego pagarán por las clases. Cuando tienes un gran número de estudiantes y buenas reseñas, Udemy se encargará de promocionar tus cursos a nivel internacional.

- Lo más importante es la calidad del contenido. Las lecciones de 5 minutos son una de las que mejor funcionan. Si son muy largas, los estudiantes se quedarán dormidos y te aseguro que no quieres eso.

Otros de los beneficios de usar estas plataformas, es que ellas se encargan de todo el proceso de pagos a través de tarjetas de crédito, PayPal, etc. Puedes montar los cursos en tu página, pero tendrás que buscar un servicio para procesar tarjetas de crédito y otras formas de pago.

Las plataformas se quedan con un porcentaje de tu venta, pero te ahorran muchos dolores de cabeza al manejar esa parte por ti.

7. Aplicaciones móviles

Los teléfonos inteligentes son nuestros nuevos compañeros de vida. Las aplicaciones nos facilitan muchas de las tareas que debemos realizar día a día, y también podemos usarlas para entretenernos o, inclusive, aprender un idioma.

Si te interesa la tecnología, puedes aventurarte en este mundo que está en constante expansión.

Prueba primero con una aplicación; te recomiendo que sea gratuita y tenga una sección de comentarios, así las personas escribirán sobre lo que les gustó y lo que quisieran que le añadieras.

Por supuesto, al principio no va a ser una de las más descargadas, pero luego verás cómo aumentan las visitas. En dos o tres meses puedes crear una aplicación básica y luego ir mejorándola.

Existen dos grandes mercados: Apple y Android. El primero es un poco más quisquilloso porque debes esperar una semana para que el equipo apruebe las modificaciones. En cambio, el segundo permite que hagas todas las mejoras que quieras y de forma automática.

Muchas personas deciden contratar a un programador para crear rápidamente sus aplicaciones. Si bien esta es una manera, poco a poco puedes aprender a hacerlo tú mismo. Toma un curso online sobre el tema o aprovecha los consejos de las personas que ya tienen tiempo en el negocio.

Las razones son varias: los profesionales cobran mucho dinero y siempre dependerás de ellos para realizar los cambios.

Para ubicar el nicho, busca palabras claves, ve cuáles son las aplicaciones que aparecen y luego indaga un poco más en las críticas de los usuarios. Presta atención a las críticas y reclamos que los usuarios hacen a las aplicaciones existentes.

Luego concéntrate en desarrollar una que resuelva los problemas de las otras aplicaciones. Esto te dará una ventaja competitiva y una razón por la cual los usuarios seleccionarán la tuya.

Si has creado más de una aplicación, es bueno que hagas un catálogo, así las personas conocerán todo tu trabajo.

En resumen, te dejo los puntos importantes para un plan de negocio:

1. Escoge un nicho que te apasione y luego ve cuál plataforma te sienta mejor.

2. Abre tu propio blog o página web. Aunque trabajes con otros sitios, como Amazon o Udemy, siempre es bueno que las personas visiten tu página. Así, además, tienes más control, ya que tú eres el gerente y dueño de tu propia plataforma.

3. Enfócate en una vía que te ayude a aumentar tus suscriptores y crea una lista con sus correos electrónicos.

4. Si bien puedes ganar dinero con la publicidad, lo más recomendable es que desarrolles y promociones

tus propios productos, así tienes garantizada una inversión a largo plazo y mejores márgenes de ganancia.

5. Lanza el producto cuando esté listo, no esperes que sea perfecto. Lo importante es que la gente lo vaya conociendo y luego lo vas mejorando.

6. La calidad siempre debe ser excelente y el precio competitivo. Esto te ayudará a construir confianza entre tus seguidores.

7. Debes tener un catálogo en el que reúnas todos tus productos para que la gente conozca y tenga varias opciones que puedan comprar.

8. Contrata a profesionales freelance para las áreas en las que necesites ayuda.

9. Define tu cliente ideal desde un principio, así tendrás una guía durante todo el proceso y podrás mejorar los productos que ofreces.

10. Empieza con una plataforma. Una vez que esté consolidada, puedes aventurarte en otras.

Investiga, estudia y aprende

La única manera de mantenernos al día es investigar constantemente los avances que surgen en el mundo. La educación no acaba en la universidad. Todos queremos mejorar, pero para ello debemos buscar las herramientas necesarias y empezar a ver los problemas desde otra perspectiva para producir resultados extraordinarios. Así alcanzamos nuevas metas y crecemos en nuestro propio negocio.

¿Quieres aprender nuevas herramientas? Aquí te dejo algunos métodos que te ayudarán:

1. Lee un libro sobre el negocio que te interesa

Escoge, por lo menos, tres autores conocidos en el tema. Aprende de sus experiencias y conoce sobre las plataformas que ellos han desarrollado, así estarás más preparado a la hora de empezar tu propio negocio online. La ayuda está al alcance de tu mano y de tu bolsillo.

2. Sigue blogs que te interesen

En internet puedes tener acceso a muchísima información, por lo que te recomiendo que escojas un número reducido de las mejores páginas y cuentas de redes sociales en tu nicho, para que no pierdas tu tiempo. Sigue los blogs más influyentes y también otros más nuevos, ya que debes estar al tanto de los avances y conocer cómo ha sido su evolución en esta industria.

3. Ve videos tutoriales en YouTube

Ya no tienes que ir a la universidad para aprender algo nuevo porque en YouTube hay miles de videos que te enseñan desde cómo abrir un blog en Wordpress y crear una aplicación móvil, hasta saber más sobre el nicho que escogiste. También te puedes suscribir a los canales que te interesen para seguir su contenido.

4. Toma un curso sobre el tema

Siempre es bueno aprovechar el conocimiento que un buen instructor ofrece. Un curso te permite aprender con mayor profundidad sobre el nicho o la plataforma que escogiste. Si bien te puede salir costoso, tienes que verlo como una inversión para impulsar tu negocio. Recuerda que Udemy, Teachable o Coursera ofrecen cursos sobre casi cualquier tema.

5. Asiste a conferencias

Estar en un auditorio rodeado de personas con tus mismos intereses es una experiencia única, además de que te da la oportunidad de poder escuchar a líderes en tu área y aprender de ellos. Al final puedes intercambiar teléfonos con algunos asistentes y aprovechar ese encuentro para mejorar tu negocio y hacer nuevas conexiones. Si bien aprender por tu cuenta tiene grandes ventajas, nada se compara con la energía positiva que se respira en dichas conferencias.

6. Únete a un grupo mastermind

Un grupo mastermind es un conjunto de personas con intereses afines que se reúnen periódicamente para hablar sobre sus proyectos y metas. Puedes encontrarlos en páginas como meetup.com. Te sugiero crear tu propio grupo con 4 u 8 amigos que compartan tus metas o buscar en internet alrededor del mundo personas que también deseen pertenecer a estos grupos y comunicarte con ellos vía Skype. Mientras todos estén comprometidos y aporten ideas, la dinámica va a ser genial para hacer crecer tu negocio y ayudarse uno al otro.

7. Busca un compañero comprometido

Es bueno contar con una persona que te impulse a alcanzar tus objetivos, por eso te recomiendo que encuentres a alguien de confianza que mantenga tus pies en la tierra. No tiene por qué saber sobre tu nicho, lo importante es que te aleje de la flojera y te mantenga enfocado, siempre con una buena disposición. Anota tus metas y compártelas con él o ella para que puedan revisar los resultados.

8. Contrata a un entrenador o coach

Los personajes más importantes del mundo del deporte y el entretenimiento tienen un entrenador o coach. ¿Por qué? Ellos son personas experimentadas que buscan ayudarte a desarrollar tu máximo potencial. Aunque vayas a empezar un negocio, siempre es bueno conocer mejor el mundo en el que te vas a adentrar. Además de aprender más rápido, te destacarás entre tus competidores. También puedes participar en programas de entrenamiento que ofrecen mentores a través de internet.

Recuerda que invertir en tu futuro es una garantía para obtener buenos resultados. Aprender te impulsa a comenzar tu propio negocio, dejar tu trabajo y disfrutar la libertad que siempre has querido.

Pasos a seguir

1.   Compra por lo menos un libro, sigue un blog y suscríbete a un canal de YouTube.

2.   Busca a las personas más exitosas que ya tienen un negocio en el nicho que escogiste. Estudia su contenido y analiza sus métodos para tomar ideas. Lo importante es que ofrezcas algo diferente y mejor.

3.   Crea un proyecto para empezar tu negocio online. Escribe los pasos que debes seguir y aprovecha todo lo que has aprendido sobre tu nicho.

Empieza el negocio y hazlo crecer

Ahora es el momento de saber cómo ganar dinero con tu negocio. Recuerda que si ya estás decidido en lo que vas a hacer, solo debes tener la confianza para dar el primero paso. No te compares con las personas que ya han tenido mucho éxito. Con el tiempo conseguirás ese reconocimiento y ofrecerás un mejor producto o servicio. Siempre ten en cuenta las necesidades de tus clientes para mantener la calidad de tus servicios.

- Crea tu marca

El nombre de tu producto es muy importante. Mientras más preciso, mejor. Una vez que lo tengas, crea tu imagen (logo, tarjetas de presentación, entre otros). No es lo mismo tener tus ideas en la mente a verlas plasmadas. Aparta el dominio de tu página de internet; esto lo puedes hacer en godaddy.com y ya estarás listo para comenzar.

- Establece las metas del negocio

Mantener tu mente enfocada en los objetivos que quieres alcanzar es la clave para ir creciendo en tus proyectos. Te recomiendo que hables con personas que sean exitosas en el nicho de tu negocio. Si puedes indagar con discreción cuánto ganan mensualmente, ello te dará un panorama más claro sobre qué expectativas reales tener. No pretendas llegar al cielo en el primer mes. La meta es obtener más ingresos de los que te ofrece tu empleo.

- Diseña una oficina para trabajar desde casa

Lo primero que debes buscar es un espacio en el que te sientas cómodo. No tiene por qué ser lujoso. Si cambias de escenario constantemente, no te mantendrás enfocado durante la jornada. Aprovecha las horas en las que estás en casa para dedicarte al negocio. Te recomiendo que lo comuniques a quienes viven contigo para que te den apoyo y te ayuden a evitar las distracciones.

- Organiza tu día

Al comienzo va a ser un poco difícil tener que estar ocho horas en la oficina y después dedicarte a tu propio negocio. Por lo que dos horas al día son suficientes para trabajar desde casa. Lo importante no es el tiempo, sino los resultados que obtengas. Una vez que renuncies a tu empleo, tendrás mayor libertad, pero por ahora debes buscar un equilibrio.

Apliquemos la ingeniería inversa, es decir, ¿cuánto quieres ganar en seis meses?

Una vez que lo sepas, puedes establecer todos los pasos que debes seguir mensualmente.

Luego escribe las tareas de cada semana y después de cada día. Por ejemplo, los domingos distribuye las acciones de la semana y en la noche establece qué vas a hacer al día siguiente. Esta rutina logrará que te mantengas enfocado. Revisa los blog de los negocios afines para que tengas una mejor idea.

No abandones a tu familia o tu cuidado personal. Si te levantas más temprano, aprovecharás mejor la mañana.

- Genera más ingresos pasivos que tu salario

Los ingresos pasivos son aquellos que recibes constantemente sin hacer mucho esfuerzo, aunque para llegar a este punto debes trabajar bastante en la calidad de los productos que ofreces porque es la única manera de captar seguidores leales que siempre estén comprando tus libros, cursos u otros servicios. La perseverancia y la paciencia son claves; la idea es que en pocos meses puedas igualar tu sueldo y luego ganar más que en tu trabajo fijo.

- **Configura sistemas y estructuras**

Tu objetivo es lograr que tu empresa funcione sin ti, lo más pronto posible. No es que la vas a desatender, pero si no lo haces, solo estás cambiando un trabajo por otro.

Por ello debes crear sistemas y protocolos para ir delegando tus funciones a otras personas o compañías externas.

Como emprendedor debes crear las bases para que el negocio se pueda sostener. No solo es cuestión de promocionar tu producto. Realiza reportes mensuales sobre todos los resultados importantes para tu negocio, así sabrás cómo vas.

Lo ideal es que tu negocio tenga un crecimiento constante y sostenido desde el comienzo. Los expertos recomiendan que las ventas aumenten un 10% mensual, como promedio.

Rastrea el número de visitas, compras y suscripciones. Solo puedes mejorar las cosas que se miden. Planifica todo lo relacionado con la empresa, por ejemplo: cuándo vas a postear o lanzar un nuevo video. Si cumples con tus compromisos, aumentarán los beneficios.

- **Crea un grupo de asistentes virtuales**

Un grupo de personas confiables a tu lado siempre va a ser imprescindible para que puedas tener éxito en tu negocio. Quizás cuando comiences, lo tendrás que hacer todo tú mismo. Pero luego llegará la hora de contratar a especialistas que se dediquen a las tareas que no dominas muy bien, que no disfrutas o que necesitas delegar para liberar tu carga de trabajo. Lo bueno hoy en día es que puedes contratar a personas en otras partes del mundo. Una página que ofrece muchos servicios de este tipo es fiverr.com

Te recomiendo que hagas videos tutoriales que sirvan de guía a tu equipo; así, cuando asignes el trabajo a otra persona, podrá ver cómo se hace paso a paso y no tendrás que invertir mucho tiempo en su entrenamiento.

- Extiende tu presencia en internet

El mundo virtual es ilimitado y cada vez hay nuevas plataformas para promocionar tu negocio. Primero debes lograr consolidarte en una sola y luego puedes aventurarte en otras.

Es decir, conviértete en un experto absoluto en esa plataforma.

Por ejemplo, si decides elegir Instagram, aprende todo lo que puedas sobre la misma, hasta que sepas cómo generar un flujo constante de clientes a través de Instagram.

Una vez logrado este objetivo, puedes empezar con Facebook o Twitter. Pero no trates de conocerlas todas a la vez, ya que te vas a diluir y no obtendrás los resultados que deseas en el menor tiempo posible.

La escogencia de la plataforma dependerá del nicho que elijas. Asegúrate de que tu cliente ideal usa esa plataforma.

Atributos personales y profesionales

Es necesario que te sientes un momento y reflexiones sobre tus cualidades, tanto positivas como negativas.

¿Consideras que eres una persona sociable, trabajadora y con sentido común?

Quizás puede que tengas dos de esos atributos y no se te dé bien el trato con el público, por lo que sería ideal que contrataras a alguien que se encargara de ese asunto.

En lo profesional debes conocer cuáles son las áreas que intervienen en tu negocio (ventas, mercadeo, programación). No tienes por qué ser un experto en todas, pero sí estar al tanto para buscar a un profesional que te ayude a desarrollarlas. Te recomiendo que califiques tus destrezas (excelente, bueno, regular o malo).

Una vez que hayas comprendido tus fortalezas y debilidades, tienes tres opciones: mejorar en el área en que no eres tan bueno -puedes tomar un curso; contratar a un empleado que se ocupe de esa parte; o buscar a un profesional o una compañía freelance -esta última te permite ahorrar mucho dinero: solo tendrás que cancelar los servicios que contrates.

¿Cuándo es un buen momento para iniciar tu negocio?

Muchos piensan que una economía sólida es ideal para comenzar: la gente tiene dinero y busca la manera de gastarlo. Ahora bien, cuando la economía no está en su mejor momento, es también una buena oportunidad.

Piensa que tu producto va a sobresalir porque hay menos competencia y puedes adquirir muchos equipos, productos, materia prima, activos, etc., a un precio de oferta.

¿Debería comenzar a tiempo completo o medio tiempo?

Según los expertos, lo más recomendable es que trabajes medio tiempo con tu negocio por diferentes razones: podrás continuar con tu empleo fijo y equilibrar los dos ingresos, lograrás un crecimiento gradual de tu empresa y conocerás qué se necesita para dirigir una compañía.

Aunque esta decisión tiene sus desventajas: si vas a trabajar en tu empresa solo por unas horas, durante el tiempo restante, las personas no podrán contactarte y resolver problemas o inquietudes tus clientes.

Una alternativa es que cuentes con un socio que esté disponible cuando tú no puedas o contratar a un freelance para que atienda las llamadas y conteste los mensajes. Ofréceles un ingreso mensual y un bono por su eficiencia.

El riesgo está en que te sientas agotado porque no vas a tener tiempo para compartir en familia o relajarte. Este problema, junto con el estrés, es común en las personas que tienen que trabajar de día e impulsar su negocio de noche.

Sin embargo, sigue siendo ideal que cuentes con un empleo temporal o de medio tiempo mientras vayas consolidando tu compañía.

Negocios y comercios tradicionales

Comprar un negocio existente

Al comprar un negocio existente, tienes la mitad del camino recorrido. Ya cuentas con un flujo de caja, empleados que conocen el sistema y clientes que confían en el producto. No necesitas buscar un plan de mercadeo o reinventar los procedimientos, por lo que es una opción menos riesgosa.

Si bien es algo más costoso que empezar desde cero, ofrece numerosas ventajas.

Los bancos te dan un crédito más rápido para adquirir un negocio que ya existe porque se sienten más confiados al ver el producto final. Además, serás el dueño de las patentes y los derechos de autor, algo muy importante de lo que podrás sacar provecho en un futuro.

Pero siempre debes estar estudiando el mercado para evitar que quedes atorado en un negocio que no está a la par de los otros. Verifica el trabajo de los empleados, los métodos de distribución y el inventario. Para ello te recomiendo que sigas los siguientes pasos:

La decisión correcta

Lo primero que debes hacer es conocer el mercado en el que vas a invertir. Lo más recomendable es que estés familiarizado con esa industria; si no lo estás, lo más probable es que no sea una buena idea.

Conjuga tus habilidades, conocimientos y experiencias para encontrar el nicho perfecto. También ten en cuenta el tamaño del negocio: número de empleados, sucursales y ventas.

Equipo de adquisición

Es necesario que cuentes con un equipo de profesionales (abogados, contadores, analistas bancarios) que te ayuden en las diligencias, es decir, a revisar y verificar toda la información relacionada con esa empresa. Una vez que hayas hecho esto, conocerás mejor la compañía que quieres comprar para que puedas tomar una decisión mejor informada.

Examen preliminar

Antes de comenzar la oferta, reflexiona sobre las siguientes preguntas:

¿Por qué están vendiendo ese negocio?

¿Cómo está la industria en la que participa?

¿Cuáles son los pronósticos?

¿Es capaz de controlar la clientela para mantenerse rentable?

¿Cómo ha cambiado esa línea de negocio a lo largo del tiempo?

Debes estar atento a si es una empresa familiar, porque los salarios de los empleados suelen ser poco realistas, por lo que los riesgos aumentan.

Investigación de mercado

Invertir tiempo y dinero en un estudio de mercado previo al lanzamiento del producto te podría ahorrar muchos dolores de cabeza en un futuro.

Te dejo las siguientes preguntas para que tengas un punto de partida:

- ¿Quién comprará el producto?

- ¿Por qué lo hará?

- ¿En dónde buscará adquirirlo? ¿Centros comerciales, tiendas, internet?

- ¿En cuánto lo voy a ofertar para obtener un buen margen de ganancia?

- ¿Cuál es mi competencia?

- ¿Tengo un buen plan de mercadeo o necesito contratar a un especialista para lograr mayor impacto?

- ¿Cuáles son las leyes y regulaciones que están relacionadas con mi producto?

Presta atención a los comentarios negativos de los clientes, porque así sabrás en dónde debes mejorar.

Una vez que hayas contestado estas interrogantes, deberás realizar la investigación en sí.

Para ello debes buscar la información directamente de la fuente, bien sea en encuestas o entrevistas, entre otros.

Aquí hay algunos métodos que te servirán a la hora de realizar una entrevista:

- Entrevistas telefónicas: lo primero que debes hacer es un libreto para que no te pierdas en medio de la entrevista y abarques todas las preguntas. Recuerda que a las personas no les gusta hablar mucho tiempo por teléfono, así que mientras más rápido sea, mejor será. Si no tienes tiempo, contrata a un estudiante de secundaria o a un freelance. Este método no es costoso y los resultados son excelentes.

- Entrevistas por correo: si quieres tener mayor alcance, puedes hacer un cuestionario sencillo, de no más de 20 preguntas, en una sola página y con selección simple (sí/no o de acuerdo/en desacuerdo). Presenta solo una o dos preguntas para desarrollar. La forma de las encuestas depende de ti: pequeñas como una postal o más elaboradas con una carta de presentación y un sobre para las respuestas.

- Entrevistas por correo electrónico: aplican los mismos principios que en las entrevistas por correo. Debes ser muy claro en las instrucciones al momento de responder y siempre dar las gracias por adelantado.

Escoger el nombre del negocio

El nombre del negocio tendrá un impacto en la relación con tus clientes. Escoger el correcto es una tarea fundamental. Te dejo algunos aspectos que debes tener en cuenta:

- Busca un nombre que te agrade, pero que también le guste a los consumidores.

- Escoge un nombre familiar y confortable, de tal manera que las personas puedan avivar buenos recuerdos con solo escucharlo.

- Evita que sea muy largo, confuso o que solo tú lo entiendas.

- Haz una tormenta de ideas: durante un tiempo establecido escribe todos los nombres que se te vengan a la cabeza. Puedes consultar con tu familia o amigos.

- Utiliza la herramienta Google AdWords: te permite buscar una palabra o una frase y ver el tráfico que genera en internet. También arroja resultados similares, así tendrás a la mano otras alternativas.

La dupla necesaria: abogado y contador

Si bien puedes ser un experto en tu área de trabajo, hay dos personas que te ayudarán en el proceso de crear y mantener tu empresa, porque el mundo de los impuestos y las leyes es engorroso. Estoy hablando de los abogados y los contadores. La mejor manera de encontrar a un buen profesional es por medio de las referencias de otras personas de la industria o un colega.

Proveedores

Los proveedores son esenciales en cualquier negocio minorista. El número de proveedores va a depender de la magnitud del negocio.

Cuando estás comenzando, lo más probable es que tengas que buscarlos por tu cuenta, luego ellos te contactarán directamente. Investiga en páginas web, conferencias o clasificados del periódico.

Si te dedicas a la venta de productos físicos, necesitas contar con proveedores confiables.

Te recomiendo que tengas una lista con todos los proveedores que necesitas.

Pregunta si hacen un descuento por la compra, cuáles son sus políticas de envío y compara sus precios con los del mercado. Como apenas estás comenzando es muy probable que no te den la atención que deseas, pero luego desarrollarás una buena relación que beneficie tanto al proveedor como a tu negocio.

Obtén referencias de otros clientes, ya que así podrás tener una opinión equilibrada de cómo se desempeñan. El trato con el cliente es muy importante. Siempre deben tener una actitud amable y servicial, orientada a soluciones, en lugar de estar a la defensiva.

Indaga si han tenido problemas y cómo los han resuelto. Recuerda que toda relación tiene sus altibajos; lo importante es saber manejarlos.

Los proveedores suelen establecer un número mínimo de pedidos y un mínimo de productos en cada pedido. Al principio es probable que te parezcan bastante altos. Sin embargo, con el tiempo te irás adaptando.

Tarjetas de crédito

Las ventajas de aceptar tarjetas de crédito son innumerables. A pesar de que todavía en Estados Unidos hay 25 millones de pequeños negocios que no las usan, tarde o temprano su uso es inevitable.

Investigaciones recientes han demostrado que cuando las personas cancelan con su tarjeta de crédito, las compras son mayores y más rápidas.

¿Por qué?

No tienen que preocuparse por el saldo en sus cuentas o el dinero en sus bolsillos, especialmente si están de viaje. Además, confían en que si necesitan devolver la mercancía, les será más fácil.

Para el negocio también es atractivo: aumenta el número de compras impulsivas, mejora el flujo de caja porque el dinero será depositado en algunos días, en vez de esperar el cobro del cheque o que se venza una factura.

Lo más importante es que tu pago está garantizado y no corres el riego que involucra acepar cheques personales.

Pagos online

Si tu negocio es online, es necesario que cuentes con un método de pago a través de internet.

En el caso de las cuentas mercantiles, las tarifas de mantenimiento mensual y las reducciones son mayores que las cuentas regulares porque los riesgos de fraude se multiplican, ya que no es necesario presentar el plástico de la tarjeta. Para solventar el peligro, el banco te descuenta un porcentaje por cada transacción que realices. Así que te recomiendo que estimes el promedio de ventas y la cantidad de dinero que esperas recibir en un mes. También te pedirán que mantengas siempre un saldo positivo para cubrir los posibles fraudes.

Por otro parte, puedes contratar una empresa que se encargue de los pagos por internet, como PayPal. Ellos cobran el dinero en tu nombre y a cambio se quedan con un porcentaje por cada transacción. Este monto es menor al de las cuentas mercantiles, generalmente 3%.

Y lo mejor es que tienen planes donde no tienes que pagar un mantenimiento mensual.

Crear la página web de tu empresa

Tu presencia no solo debe abarcar el mundo físico, sino también el virtual.

Los negocios y las transacciones online son cada vez más comunes y necesitas estar al nivel de tu competencia, que probablemente tiene ya una presencia en línea y en las redes. Los usuarios utilizan la web para buscar los productos que necesitan y luego comprarlos, todo desde la comodidad de sus hogares.

Puedes comunicarte con miles de personas simultáneamente sin importar su ubicación.

Para ello maneja el correo electrónico, el boletín digital o la sección de contacto de tu página.

Crea un plan de comercio electrónico. En primer lugar, debes peguntarte cuál es tu *cliente objetivo*, es decir, a quién va dirigida tu oferta.

¿Qué buscan esas personas en tu nicho?

¿Solo visitan páginas para obtener información o compran productos?

En segundo lugar, establece qué vas a vender y cómo lo vas a promocionar. Determina si vas a ofertar tanto dentro como fuera de internet y el procedimiento para el envío y las devoluciones.

Una página web bien elaborada incluye:

- Contenido que aporta valor agregado para tus clientes: la información es clave para que los usuarios se identifiquen con el sitio, aumenten las visitas y las compras. Añade una sección de contacto y siempre mantén actualizado el portal.

- Estructura: decide cuántas páginas vas a crear y diseña una imagen corporativa (íconos y gráficos) que permita relacionarlas entre sí y que realce el contenido.

- Diseño: hay tres claves esenciales para lograr un buen diseño: simplicidad, uniformidad y que sea fácil de leer. Al principio puedes usar una plantilla gratuita. Luego, cuando tu negocio esté produciendo, puedes contratar a un diseñador. A no ser que tengas habilidades de diseño gráfico, no es muy recomendable hacerlo tú mismo. Mantente enfocado en lo que quieres alcanzar para que logres plasmarlo efectivamente.

- Navegación: el ambiente debe ser agradable para el visitante. No sobrecargues la página: utiliza uno o dos links en las áreas principales y siempre verifica que estén correctos para que no dejes a la persona en el aire.

- Credibilidad: el consumidor se debe sentir seguro con la compra del producto y eso lo lograrás dándole un aspecto profesional a tu página. Siempre comparte toda tu información de contacto (correo electrónico, dirección, teléfono, nombre completo) permanentemente en un lugar visible. Hazle saber a la persona que está tratando con un humano.

Para empezar tu página web necesitas dos servicios básicos:

- Un dominio: el costo de un dominio puede variar de 1 a 18 dólares el primer año, luego pagarás aproximadamente 17 dólares anuales por su mantenimiento. Puedes conseguir uno en Godaddy.com.

- *Host service*: una vez que tengas el dominio, necesitarás un servicio de *host* (*host service*). El precio varía, pero en general para empezar pagarías 7 dólares mensuales. Uno de los más comunes es

Bluehost.com, que tiene muy buen servicio al cliente, pero hay muchas otras opciones.

Consejos para diseñar tu página web:

- Posiciona la información más importante cerca de la parte superior.

- Evita usar palabras extrañas y que se desordene el contendido.

- Utiliza títulos, íconos, colores y viñetas solo para destacar lo necesario. No exageres porque distraerás al lector. Cualquier elemento que confunda se debe eliminar inmediatamente.

- Crea una armonía entre los gráficos, el tipo de fuente y los colores que uses. Que sean atractivos no solo para ti, sino para el resto de tu público. Por ejemplo, si tu página está dirigida a hombres jóvenes y empresarios, una gama de colores masculinos combinados con una letra tradicional es una buena opción.

- Haz que tu página sea fácil de explorar.

- Debe ser compatible con los navegadores más populares: Safari, Firefox, Chrome, Opera, etc.

- Permite que las personas accedan al contenido antes de cambiarlo. Una vez que lo actualices, revisa los errores ortográficos. Recuerda que de nada vale tener una página web con un diseño espectacular, si el contenido está lleno de palabras mal escritas. Tu reputación y credibilidad dependen del lenguaje que uses.

- Comparte la información de contacto en la página de inicio.

- Los gráficos deben ser limpios y atractivos.

- Asegúrate de que no tenga fallas o links rotos.

- Mientras el visitante obtenga la información de forma fácil y rápida, mejor será.

- Revisa las páginas de tus competidores para mantenerte a la par.

Una vez que hayas construido la página, viene el verdadero trabajo. Lo más importante es generar tráfico o visitantes y hacer que las personas se conviertan en tus clientes. Es fundamental que promociones tu sitio constantemente.

Crea una propuesta diferente de las demás.

Postea noticias relacionadas con tu marca, sube podcasts todos los meses y añade un espacio para que la gente deje sus comentarios. Recuerda que mientras más humana sea la página, mayor será la mejor afinidad que logres con los consumidores. Si estás empezando el negocio, la gente querrá saber a quién le está comprando.

Desarrollo de una marca

Idear una marca es una de las tareas más arduas y costosas, pero es necesario si quieres triunfar. Cuando te diferencias de la competencia por la calidad de tus productos, estás por buen camino. Piensa por un momento qué teléfono prefieres: un iPhone o una marca que nunca has escuchado antes.

La marca es una de las razones fundamentales de por qué la gente paga más por un producto que otro similar.

¿Por qué alguien iría a tu tienda, cuando puede ir a otra?

La clave está en las cualidades intangibles, es decir, cómo presentas el producto y cómo los usuarios te perciben. Emplea adjetivos que vayan desde lo "amigable" hasta lo más "rápido". La idea es que el cliente te prefiera por encima de los demás.

La marca crea valor. Con la confianza y el respeto de los consumidores, la gente te verá como la única solución para sus problemas.

Si ya seleccionaste tu nicho, piensa en lo que buscan las personas de tu *target*. Desarrolla una personalidad que te permita reinventarte y poder llegar a ellas efectivamente. No busques cubrir todas las estrategias, como lo hacen muchas empresas nuevas. Enfócate solo en las que estén dirigidas hacia los intereses particulares de tu clientela.

Publicidad y mercadeo de tu negocio

El mercadeo es esencial para promocionar tu marca.

Si buscas generar ventas, las personas deben estar al tanto de tu negocio. No estamos hablando de una inversión millonaria; hay muchas maneras de darte a conocer que son accesibles e, incluso, gratuitas. Cuando hayas encontrado la idea que funciona para ti, sigue con ella. Recuerda que la repetición es fundamental para transmitir el mensaje efectivamente.

Necesitas conocer los medios que prefiere tu audiencia para obtener información sobre el tipo de productos que ofreces.

Te recomiendo que evalúes sus edades, profesiones, ingresos u otros datos demográficos significativos. Una vez que descubras sus preferencias, encontrarás el medio ideal para ti.

No te enfoques en cada individuo, haz un estudio general. Lo más importante es que la publicidad responda la pregunta fundamental de todos los clientes:

"¿Qué tiene esto para ofrecerme?".

Consejos para lograr una publicidad exitosa:

- Llamar la atención. Por más obvio que parezca, si no llamas la atención, no logras nada. Utiliza títulos e imágenes que impacten al consumidor.

- Estar relacionada con los intereses del lector y promocionar una característica novedosa que ofrezca tu producto. Siempre que tomes en cuenta la realidad del consumidor, se interesarán en el anuncio. Si puedes presentar un dato relevante, mejor. Por ejemplo: un labial que dura más de 12 horas y es resistente al agua.

- Plasmar los beneficios de tu marca. ¿Por qué elegir tu producto sobre el resto?

- Comprobar los beneficios del producto. Utiliza testimonios y estadísticas para lograr mayor credibilidad.

- Motivar las compras de tu producto. Puedes ofrecer un descuento, una prueba gratuita o un bono.

Contrata a un diseñador y un especialista en mercadeo para que tu publicidad sea más llamativa.

Aunque tengas algún conocimiento en estos temas, un experto siempre aportará una visión diferente. Si el material sale con algún error, perderá por completo su calidad. Entonces, no escatimes ni en los honorarios de los profesionales ni en los costos de los suplementos (impresión, papel, distribución).

Tú eres el dueño del negocio, por ende, conoces todos sus detalles. Diseña un borrador que refleje las ventajas y las metas que deseas alcanzar con tu marca. Empieza con una tormenta de ideas: busca frases, imágenes o palabras relacionadas con tu producto.

Genera unas 50 y selecciona las mejores. Luego ponlo a prueba pidiendo opiniones, sobre todo de tus clientes potenciales.

La publicidad que uses en tu campaña debe ser original, tanto en las imágenes como en el texto. Cuando haces algo genérico, no logras persuadir a nadie. Recuerda que esa es la imagen de tu empresa.

¿Qué me conviene más: una publicidad grande, costosa y menos frecuente o una más pequeña que tenga mayor circulación?

La segunda opción es más eficiente por muchas razones: las personas no responden a los anuncios la primera vez que los ven, necesitan toparse con ellos varias veces (especialmente si estamos hablando de algo nuevo) para lograr sentirse cómodos y entablar una relación.

Aunque si es muy pequeño pasará desapercibido, asegúrate de que sea un tamaño ideal y que se ajuste a tu presupuesto.

Prueba con la publicidad en la radio de forma gratuita. ¿Cómo lo haces? Con un intercambio: ofreces tus servicios y ellos te dan un tiempo al aire. La mayoría de las emisoras siempre necesitan algún diseño o producto que puedan rifar en los programas. No importa lo que vendas, ellos estarán interesados. Con este medio solo podrás lograr llegar a un número limitado de personas. Todo depende del alcance de la estación radial.

También está la radio *online*. 80% de las personas que la sintonizan lo hacen desde el trabajo. Lo mejor de todo es que estarán a un clic de comprar el producto.

Generalmente, tienes la posibilidad de acompañar el anuncio con un botón o una imagen.

Prueba con la publicidad en la televisión por cable, si quieres alcanzar un área mayor. Gracias a la variedad de los programas (salud, deporte, entretenimiento, clima, entre otros), puedes seleccionar el horario que más frecuente tu *target*.

Como vas a cubrir unas localidades en específico, no perderás tu dinero en una campaña que abarque más allá de lo estimado.

La clave está en identificar el medio (radio, internet o televisión) que más frecuente tu audiencia.

Anuncios clasificados

Los anuncios clasificados están dirigidos a las personas que buscan comprar el producto que ofertes. Utiliza un título llamativo y distribuye bien el contenido. Por ejemplo: en la primera línea enumera todos los beneficios; en la segunda, el nombre de la compañía; y en la tercera, la información de contacto (dirección, redes sociales, correo electrónico).

Medición de la efectividad publicitaria

Uno de los retos más exigentes es lograr ubicar cuál método publicitario es mejor para tu empresa. Trabaja con varios y luego evalúa los resultados. Lo importante es que generes más ventas y, por ende, mayores ingresos. Una vez que lo encuentres, ya sabrás en dónde invertir.

Para medir la efectividad realiza las siguientes pruebas:

• Publica el mismo producto en dos anuncios, cada uno con un distintivo diferente. Pide a los clientes que lo corten y lo lleven a la tienda para una muestra gratuita o un descuento.

• Pregunta a tus clientes en dónde escucharon hablar de tu marca. Crea una hoja de selección simple (así la evaluación será más fácil y rápida) con los medios en los que tienes publicidad. Aprovecha las llamadas telefónicas para realizar este estudio. Algunas veces te dirán que lo vieron por televisión, cuando no tienes ninguna campaña en ese medio, pero, en general, es bastante provechoso.

• Oferta un producto con dos precios en diferentes revistas. Además de evaluar el desempeño de la publicidad, conocerás si los clientes están dispuestos a pagar más por lo que ofreces.

• Promociona un producto exclusivamente en un medio publicitario y en tu tienda. Según el número de llamadas o visitas, sabrás si fue exitosa la decisión.

• Deja de anunciar la publicidad que siempre empleas. Luego ve si bajaron las ventas del negocio.

Relaciones públicas

Existe una diferencia entre las relaciones públicas y la publicidad: la primera es gratis y la segunda es paga.

¿Cómo funciona?

Debes promocionar tu marca con los medios de comunicación; para ello escribe una nota de prensa y envíala a los canales (radio, televisión e internet). Una vez que el periodista conozca e investigue un poco más, publicará un artículo relacionado con tu empresa. De esta manera, el mensaje llegará a un público bastante extenso, conseguirás nuevas oportunidades de negocio y, lo mejor, de forma gratuita.

Te recomiendo que te enfoques en los medios que prefiere tu *target* para que sea aún más efectivo. Investiga sobre las fechas de publicación porque, generalmente, hay una planificación que establece los límites de recepción de los materiales. Por ejemplo, si quieres salir en el ejemplar de diciembre, envía tu nota de prensa en junio para que ellos tengan tiempo de contactarte.

Relaciones públicas vs. publicidad

Las relaciones públicas son más efectivas que la publicidad por diferentes razones:

Relaciones públicas	Publicidad
Los costos son menores. Solo necesitas gastar en llamadas y un plan de internet para enviar la nota de prensa.	Requiere una inversión mayor (imprenta, diseñador, corrector de texto).
Mayor longevidad. Las personas recordarán más un artículo sobre tu marca que una publicidad.	Poca longevidad. Depende de la frecuencia con la que se publique el anuncio.
Puede llegar a un público bastante variado. Por ejemplo: un medio nacional toma esa nota y la comparte en sus redes. Así se conocerá alrededor del país.	Tiene un alcance limitado. Solo podrán encontrarlo las personas que se acerquen a ese determinado medio.
Mayor credibilidad. Las personas confían más en un producto o servicio que ha sido calificado por un tercero, en este caso el periodista. "Si ellos lo publican, es porque vale la pena", piensan gran parte de los consumidores.	Menor credibilidad. Aunque incluyas un testimonio o una estadística, siempre será un punto de vista parcializado.

Para entablar buenas relaciones públicas, sigue estos pasos:

- Resume en algunas líneas las cualidades que diferencian tu marca de las demás.

- Haz una lista con todos los periódicos, las revistas y los programas de radio y televisión en los que quisieras promocionar tu empresa. Luego llámalos y pregunta quién está a cargo de la producción. De esta manera, tendrás su contacto y podrás comunicarte con ellos directamente. Enfócate en los medios que prefiera tu *target*.

- Crea varias historias atractivas sobre tu empresa. Piensa en lo que te gustaría ver como consumidor. Recuerda algún programa relacionado que haya captado tu atención. ¿Por qué lo hizo? Realiza una sesión de 45 minutos junto con tu familia o compañeros de equipo para una lluvia de ideas que les permita obtener ángulos interesantes.

Por ejemplo, si tienes una compañía de camisetas estampadas con algún paisaje de tu país, investiga datos curiosos de esos lugares y crea una historia. Luego, podrás acordar con el periodista un encuentro para que entreviste a tus clientes y le expliquen por qué son compradores de tu marca. Sugiérele que lleve a un fotógrafo. El apoyo visual siempre es una gran ventaja.

- Contacta a los medios. Utiliza el correo electrónico o las redes sociales (Twitter, Facebook, LinkedIn).

- Realiza un seguimiento para garantizar la cobertura. Si no has obtenido una respuesta, espera por lo menos una semana antes de llamar al periodista. Son personas muy ocupadas, así que debes ser insistente. No confíes mucho en los mensajes de voz, lo mejor es que te atiendan directamente. Siempre pide que confirmen si recibieron el correo. En el caso de que necesiten información adicional, procura mandarla lo más pronto posible.

- Debes tener una noticia importante (como el lanzamiento de un producto, la apertura de una nueva tienda) para mandar una nota de prensa.

- Redacta un mensaje claro y bien estructurado. Recuerda: nada de errores ortográficos.

Aparte de las notas de prensa, también hay otros métodos:

- Graba un video en el que invites específicamente a ese periodista a cubrir el evento de tu empresa. Después se lo envías por correo. Este plan resulta bastante efectivo.

- Entabla una amistad duradera con los periodistas. Escríbeles regularmente para saludarlos y/o invitarles un café.

- Haz una lista con los 50 periodistas que trabajan con el público que te interesa y comienza a seguir sus publicaciones o programas.

Comparte sus notas en tus redes. Añade un comentario en el que menciones su usuario de Twitter o Facebook, para invitar a tus seguidores a conocer lo que hacen y seguirlos.

- Envíales un artículo interesante relacionado con su fuente (política, economía, entretenimiento, salud, entre otros).

Cuando vayas a contactar a los medios, te recomiendo que:

- Antes de llamar al periodista, practica lo que vas a decir. Escribe un libreto para que no se te olvide nada.

- En el caso de que rechacen tu idea, pregúntales si hay algún otro periodista que sí estaría interesado en tu proyecto. Recuerda que la constancia es fundamental. Muchos te van a decir que no, pero siempre habrá alguien que apostará por tu compañía. ¡No te des por vencido tan rápido!

- Encuentra nueva información y úsala para mejorar tu propuesta.

- Siempre da las gracias.

Referencias

Las referencias son una buena manera de promocionar tu marca. Cuando el cliente realice la compra, pregúntale si conoce a alguien más que estaría interesado en el producto. Si es así, pídeles permiso para usar sus nombres. No es igual recibir la llamada de un extraño, a poder decir: "Hola, te llamo porque Pedro me dijo que quizás te sería útil este producto".

Las referencias son herramientas de ventas poderosas, que generan mucha confianza en el comprador.

Redes sociales

Las redes sociales son el presente y el futuro de los negocios. Por eso es necesario que incursiones en ellas y sepas manejarlas.

Ten en cuenta los siguientes consejos:

- No busques ser un experto en todas las plataformas.

- Para evitar que te disperses, enfócate en una o dos. Tampoco es recomendable que manejes solo una.

- Investiga las redes sociales que más utiliza tu *target,* y enfócate ahí.

Conclusión:

Espero de verdad que este libro te haya sido de gran ayuda y te inspire a empezar un nuevo camino de éxito, donde puedas experimentar un nuevo estilo de vida con mayor libertad, satisfacción y plenitud.

Recuerda registrarte para que tengas acceso al material que complementa este libro en esta página:

www.alcanzatussuenos.com/sinjefe

Así también podrás recibir actualizaciones sobre este material.

También te agradecería si puedes dejar un comentario positivo sobre este libro en la plataforma donde lo adquiriste.

Gracias y deseo que alcances resultados excepcionales en tu emprendimiento.

Lecturas recomendadas:

Libros para mejorar tus finanzas personales:

7 Hábitos Inteligentes de Personas Que se Hicieron Millonarias
Autor: Gustavo Adolfo Ávila

Cómo Salir de Deudas Si No tengo Dinero
Autor: David Emmied

Cómo Ahorrar Dinero
Autor: Ángel Miquel Pino

Cómo Descubrir Ideas de Negocios Rentables
Autor: Ángel Miquel Pino

Cómo Ganar Mucho Dinero Rápido Con Twitter
Autor: Gustavo Adolfo Ávila

Secretos Poderosos para una Administración del Tiempo Efectiva
Autora: Teresa Lundy

Libros de autoayuda y superación personal:

Cómo Vencer El Miedo.
Autor: Elvis D. Beuses

Cómo Controlar la Ansiedad y los Ataques de Pánico
Autora: Tisa Ledford

No Puedo Dormir
Autora: Ronna Browning

Cómo Dejar de Fumar
Autora: Yazmin de la Cruz

Cómo Mejorar La Autoestima
Autora: Manuela Escobar

Cómo Superar Una Ruptura Amorosa
Autora: Ronna Browning

Cómo Desarrollar Confianza en Sí Mismo
Autora: Tisa Ledford

Cómo Cambiar Mi Vida
Autora: Teresa Lundy

www.ingramcontent.com/pod-product-compliance
Lightning Source LLC
Chambersburg PA
CBHW030442220526
45464CB00006B/2384